KB221132

사랑을 인터뷰하다

사랑을 인터뷰하다

교회인가 2015년 월 일 천주교 서울대교구
성경 · 교회문헌 © 한국천주교중앙협의회

초판 1쇄 2015년 11월 22일 그리스도왕 대축일
저자 곽승룡
펴낸이 이희경
총괄이사 이종복
편집 양승호, **디자인** 블루
펴낸 곳 하양인
주소 (06157) 서울특별시 강남구 삼성로 95길 6(삼성동) 삼혜빌딩 401호
전화 02-714-5383 / **팩 스** 02-718-5844
이메일 hayangin@naver.com
블로그 http://blog.naver.com/hayangin
출판신고 2013년 4월 8일 (제300-2013-40호)
ISBN 979-11-95003-4-5 (03230)

평화와 용기를 위한 79가지 사랑의 메시지

사랑을 인터뷰하다

곽승룡 지음

하양인

마음과 영혼을 어루만지는 언어, 사랑

현대는 속도전

어느 남녀가 한 짝이 되어 결혼했는데, 두 사람 다 각자의 회사에서 중요한 일을 맡고 있다. 그들은 각각 서울과 광주에서 직장 생활을 하고, 금요일에 가서야 함께 보내는 소위 삼대가 덕을 쌓아야 된다는 주말부부다. KTX를 타고 간혹 비행기로 온 나라를 날아다니면서도, 결혼해서 이룬 가정을 돌볼 여유가 거의 없다.

현대 사회는 속도전이다. 많은 사람이 짝들과 맺는 관계의 성숙을 인내하지 못한다. 빨리 빨리 남친 여친이 되고 빨리 결혼하고 빨리 별거하고 갈라선다. 점점 더 짧은 시간에 급하게 만나고 헤어지고 있다. 짝에게 사랑을 느끼고 실망하는 속도가 빨라졌다.

현대는 끝없이 이상적이고 개인적인 사랑만 갈망하는 사회가 되어 버렸다. 조기 이혼, 황혼 이혼이 느는 것은 이미 고전이고, 오늘날 갈

수록 짝들이 빨리 사귀고 갈라진다. 그뿐인가 누군가를 만나는 것도 끝임 없이 '썸'을 타며 애정의 간(?)만을 보고 있다. 이미 옛말이 된 백마 탄 왕자라는 이상적 짝을 향한 젊은이들의 갈망이 그들 스스로를 의존 증세로 몰고 간다. 참된 사랑을 천천히 만나게 하소서!

사랑이 절실한 시대

한국 사회는 대략 반세기 동안 물질의 풍요만을 위해 달려왔다. 이제 더 이상 그렇게 살고 싶지 않다. 세상의 풍요 속에서 이젠 마음의 행복과 영혼의 사랑이 필요하다. 물질의 행복, 싫지는 않지만, 마음속에 있는 행복, 영혼에 있는 사랑 그리고 대자연에 시선을 돌려야 한다. 나는 행복이 마음먹기에 달려 있고, 사랑은 영혼의 풍요에 있음을 말하고 싶다.

이를 위해 행복과 사랑의 시선을 제대로 방향 잡아야 한다. 마음의 행복과 영혼의 사랑을 제대로 만나기 위해서는 자연과 나의 삶에서 '버리기'와 '취하기' 그리고 '나누기'를 잘 해야 한다. '버림'과 '취함'과 '나눔'을 위한 선택과 집중이다. 버리기는 집안에서 그 대상들을 찾을 수 있고, 취하기는 학교 성당 일터에서 구할 수 있고, 나누기는 고통받고 보살핌 받아야 하는 사람들 속에서 할 수 있다. 왜냐하면 버리기, 취하기, 나누기의 바탕에 사랑이 존재하기 때문이다.

고대 철학자들은 인생을 시장 보는 것에 비교했다. 시장을 보면서 미련한 사람은 '이 모든 것을 다 살려면 얼마가 필요할까?'라고 생각한다. 지혜로운 사람은 '내게 필요하지 않은 것은 얼마나 될까?'라며 미소를 짓는다.

사람들은 각자 필요한 만큼의 부에 따라 삶을 경영해야지, 능력과 힘에 의해 소유하면 세상과 자연은 병들고, 영혼이 잘 움직여지지 않는다. 물질의 소유와 부(富)로 행복을 찾다보니 사람과 자연이 아프다. 정말 상상할 수 없을 만큼 많이 아프다. 몸과 마음 그리고 영혼이 병들었다. 물질을 소유하려다 보니 머리의 온도가 자꾸 오른다. 이제 욕망의 온도는 내리고 더 내려서 몸과 마음 그리고 영혼에 있는 행복과 사랑의 온도를 따뜻하게 더 따뜻하게 해야 한다. 그럴 때 영혼이 움직이는 사랑이 발생하고, 나눔의 사랑으로 우리 사회는 풍요롭게 될 것이다.

성 바오로는 고백한다. "나에게 모든 것이 허용된다. 하지만 모든 것이 유익하지는 않습니다"(1코린 6,12).

사랑을 인터뷰하다

세상에서 잘못된 것들 중 하나는 문제가 아니라 잘못된 개념이다. 곧 인간의 이해를 잘못하는 개념이다. 인간 안에 등불이 있는 것을 모른다. 아기를 어른처럼 교육할 필요가 없듯이, 아기를 위한 내면성의 시작은 교육을 통해 자란다. 영적 행복, 내면의 행복이 물질의 행복을 성숙하게 할 것이다. 그 행복의 시작과 목표가 모두 사랑이다.

사랑 자체를 의심하지 말고 사랑이 어떻게 가느냐를 의심해야 한다. 사실 그동안 교회에는 에로스는 없었고 에토스 곧 도덕 윤리만 있었다. 플라톤에 의하면 에로스는 하느님이 인간에게 숨겨둔 숨결이다. 본능은 억제의 대상이 아니라 느끼고 찾으며 만나야 하는 대상이다. 근원적인 사랑을 잊고서는 의심할 수 없는 사랑은 없다. 혼인 사랑의 고유한 선(善)은 자신을 의심해도 사랑을 의심하지 말아야 한다. 사목도 생명을 담고 사랑 자체가 사목의 논리여야 한다. 그런데 오늘날은 나의 사랑이 하느님이라는 위험을 내포하고 있는 현실이다.

사랑은 모국어를 배우는 것과 같다. 모국어는 뼛속까지 들어가 있는 언어다. 우리 사회는 모국어처럼 사랑을 배우기에는 매우 부적절한 환경이었다. 너무 앞만 보고 달려왔다. 이제라도 사랑을 배우고 인터뷰해야 한다.

젊은 남녀나 부부들 그리고 가까운 동료들에게 서로 성숙한 관계가 되기를 바라며 이 책을 바친다. 우리들의 갈등을 진정으로 해결하려면 영적 차원 곧 인간의 몸, 마음, 영혼이 서로 만나는 참된 사랑의 차원을 성찰하고 존중해야 한다. 이 책이 상처 입은 마음과 영혼을 어루만지는 데 도움이 되는 신앙의 핵심 언어, 사랑을 하는데 도움이 되길 기도한다.

아시시의 성 프란치스코 축일에 성 요셉 신학교에서

곽 승 룡 비오

제1부

—

사랑은 이름 부름입니다

제1부

사랑은 이름
부름입니다

빛이 생겨라!(창세 1,3) 사랑이 태어나고 자란다

프란치스코 교황은 2015년 7월 5일 남미 교회를 방문하면서 "사랑이 언제 있기는 했는지? 사랑이 어디로 가버렸는지?'라고 말하는 젊은이들, 희망 잃은 이들에게 사랑의 마음을 열어야" 한다고 강론하였다. 사람은 사랑으로 태어나고 그것을 먹고 자라는 법이다.

사랑은 그리스도교 곧 복음의 핵심이다. 하지만 빛을 손으로 잡을 수 없듯이 사랑의 정의를 내리기란 어렵다. 그렇지만 분명한 것은 모든 이가 부모의 사랑으로 태어났다는 것이다. 부모의 사랑으로 태어난 표지가 바로 배꼽이다. 배꼽 인사는 인간 존재의 근거를 고백하는 존경의 표현이다. "나는 모든 영혼이 당신의 사랑을 만나게 하소서!"라고 기도하는 마음을 전하고 싶다.

사랑이란 무엇인가? 사랑, 어디서 태어날까? 성경에 따르면 신의 첫 창조물 "빛이 생겨라!"(창세 1,3)에서 보듯, 사랑은 세상과 모든 사람을 비추는 빛이다. 특히 빛은 우주와 사람들이 아프고 어두운 곳을 밝게 비춘다.

오늘 세상에서 사랑 받고 그 사랑이 필요한 곳은 많은데 사랑할 수 있는 자는 부족한 듯 보인다. 세상에는 사랑을 원하는 자들이 많이 있지만, 사랑할 줄 아는 자는 많지 않으며, 세상은 자유를 이야기하면서도 사랑을 말하지 않는다. 사랑하는 순간, 사랑하도록 하는 것이 바로 자유이다. 자유는 그래서 사랑으로부터 생긴다. 사람은 이렇게 사랑으로 태어나고 사랑을 먹으며 자라나는 존재이다.

인간의 위대함은 자신보다 다른 사람을 알고 인정하는 것이다. 탄생을 받아들이듯, 사랑은 자체를 인정하고 긍정하는 것이다. 사랑의 위대함은 다른 사람을 치유하고, 참된 자유를 만나게 한다. 하지만 자유에 대한 착각은 사랑이 아니라 자신의 이기적 선택을 고집한다.

"진리가 너희를 자유롭게 할 것이다."(요한 8,32)라는 말씀은 진리가 바로 사랑이라는 것이다. 우리는 종이 아니라 자녀로서 자유인이다. 곧 종은 규칙에 매어 있지만 자유인으로서 자녀는 사랑에 관련되어 있다. 사랑을 거스른 자유가 바로 제2차 세계 대전을 낳게 하였다. 또 사랑이란 '자신을 내려놓음'을 말하는데, 그럴 때 자유가 생기고 자유는 나의 소명이 된다. 자유로부터 오는 책임은 깊은 사랑에서 나오게 된다.

주석학자 한스쵸제프 클라우크는 사랑은 본질적으로 하느님의 속성이자 동시에 그분이 당신을 드러내시는 방식이며 사랑은 그런 모습으로 인간에게 영향을 미치고 인간이 자신의 실존을 사랑의 영역 안에서 발견할 수 있게 해 준다고 말한다. 이것은 "너희는 내 사랑 안에 머물러라."(요한 15,9)라는 요한의 말처럼 사랑은 우리가 머무르며 사는 영역인데 그 안에서 우리의 삶은 변화한다는 의미이다.

우리는 사랑으로 태어나 사랑의 영역에서 자라난다. 그런데 인간의 탄생과 성장의 바탕인 사랑을 깊이 만나고 체험하려면 믿음이 결정적이다. 사람을 믿어야 한다. 성 바오로 사도에 따르면 행위가 아니라 믿음으로 의로움을 인정받는다. 하지만 오늘날 사회가 물질로 성장하면서 참된 사랑에 대한 믿음보다는 자신이 믿는 것이 모두를 이룰 수 있다는 생각이 유행처럼 번졌다. 기도하면 부자가 된다는 믿음, 주님 안에서 자신의 신념대로 무조건 믿는 대로 된다는 것이다. 이것은 미성숙한 욕구를 채우거나 권력욕을 드러내기 위한 수단이다.

이러한 믿음이 기적을 일으키기도 한다. 하지만 사랑이 없으면 아무 소용이 없고 오래 가지 못한다. 중요한 것은 믿음을 증명하는 비법이니 특별한 체험이 아니라 사랑이다. 사랑은 우리의 삶에 하느님의 맛을 전한다.

사랑은 이름 부름이다

누군가에게 첫눈에 반한 사랑, 순수한 사랑, 짝사랑, 샘물처럼 솟아나는 사랑, 우리는 이 같은 사랑을 영혼 안에서 체험할 수 있다. 이것이 아가페이다. 이런 사랑은 감정 이상의 것이고 진리 위에서 바르게 움직인다. 감정 이상의 것, 실존의 한 특질이 사랑이다.

우리는 갈망으로 대상을 바라보지 않고 사랑으로 바라보아야 한다. 갈망은 자신의 만족을 찾지만 사랑은 늘 성장에로 이끌어 준다. 사랑은 사랑으로 변모시켜 주는데, 그 변화 안에서 인간은 성장할 수 있다. 하느님을 바라보면 끝없는 사랑을 바라볼 수 있는데, 변화와 성장의 길은 그 순간 발생한다. 사랑만이 세상과 인간의 신비를 이해할 수 있다.

나는 나를 부를 수 없다. 내가 나 자신에게 이름을 주고 부를 수 없는 것처럼 고유한 나는 내가 되라고 누군가의 부르심을 받았다. 그것이 바로 소명, 부르심이다. 나의 실존과 존재는 하느님 곧 사랑의 부르심을 통해서 확인하고, 고유한 나 자신을 발견한다.

울고 있는 막달라 여자 마리아에게 예수님께서 "마리아야!" 하고 부르셨다. 마리아는 돌아서서 히브리 말로 "라뿌니!(스승님)" 하고 불렀다(요한 20,16). 부활한 예수님을 못 알아보았던 마리아는 예수님께서 사랑하는 자신의 이름을 부르자 즉시 알아차렸다. 사랑은 호명(呼名)이다.

하느님이 사람이 되셨듯이, 내가 될 수 있는 것은 사랑으로 내가 거저 받은 내 자신의 내밀(內密), 육체성을 포함한 나의 내면을 상대에게 줄 수 있을 때이다. 사랑은 늘 나에게 정체성을 건네준다. '내가 누구냐?'라는 질문에 자신 스스로 그 사랑을 통해서 대답이 가능하다.

인간은 자신 스스로가 선물이다. 그 선물의 장소가 바로 우리 인간의 내면이고, 그곳은 사랑받는 장소, 선물로 사랑을 인식하는 장소이다. 인간의 내면은 우리 자신을 인식하는 장소이고 타인을 인식하는 장소이다. 내가 어떻게 될까를 알려 주는 사랑, 그 가능성을 누군가 일깨워 주는 사랑이 바로 내밀(內密)로서 내면이다. 하느님은 우리 내면에서 나의 이름을 불러 주시고 그곳에서 우리는 하느님의 사랑으로서 소명을 부여받게 된다.

사랑은 빛이다

무엇이 세상을 변모하게 할까? 변화는 빛으로 일어난다. 환하게 비추는 빛이 어두운 세상을 아름답게 그 본질을 드러낸다. 성경에 따르면, 빛은 사랑이다. 사랑에서 출발한 원의가 일하고, 우리 환경을 변하게 한다. 사랑하면 세상이 다르게 보인다. 빛과 사랑은 신의 영으로부터 기인하는 세상 변모의 원천이자 뿌리이다. 그러므로 변모는 바뀐 것이 아니다. 주님은 돌을 빵으로 바꾸는 것(루카 4,1-13)을 원하지 않고 마술도 피하신다. 변모는 바로 본질이 드러나는 것이다.

주님께서는 당신 본질을 말씀과 빛을 통해서 보여 주신다(마르 9,2-10). 빛은 본디 모습과 풍경을 아름답게 보이도록 한다. 세상이 변화하는 것이 아니라 시각이 변한다. 해가 환할 때는 경치는 선명하고 풍경도 매우 아름답다. 그런데 날씨가 흐려서 햇빛이 약할 때는 아름다운 풍경이 잘 보이지 않는다. 그렇다고 본래의 경치와 풍경이 변한 것이 아니다. 빛은 풍경을 더 아름답고 잘 보도록 돕는다. 결국 세상은 본디 아름다운데 나의 시야가 좁든지 흐려 그 본질을 보지 못한 것이다.

하느님이 '빛이 생겨라!'(창세 1,3) 하고 세상을 시작한 것은 그리스도교가 '빛의 종교'라는 것을 말한다. 예수님도 참빛(요한 1,7)으로서 세상에 태어났고, 그리스도의 부활도 어두운 세상에 '광명(光明)'을 드러낸 구원의 완성 파스카다. 그러므로 믿는 이들은 서로 그 빛을 받아 세상을 밝혀 살아가는 새로운 빛들이다. 세상은 믿는 사람들의 빛나는 삶으로 변화가 일어난다. 특히 세상과 인류의 어두운 구석을 비추는 인간의 내적 빛으로 변화가 일어난다. 왜냐하면 빛은 사랑이기 때문이다.

2014년 12월 영화 '국제시장'이 천 만 이상의 관객을 끌어모았다. 이 영화는 1950년 12월 23일 흥남 부두에서 7,600톤급의 메러디스 빅토리아호에 14,000여 명의 피난민이 몸을 싣고 있는 장면으로 시작한다. 나는 영화를 보면서 절망과 고통 속에서 희망의 빛을 비추어 준 두 사람을 발견하였다. 한 명은 민간인 통역관 현봉학이고, 또 한 명은 빅토리아호 선장 레너드 라루이다. 현봉학 통역관은 철수 작전에서 군수 물자와 병력만 철수한다는 원칙을 뒤집게 한 생명의 빛으로 역할을 하였다. 그는 지속적으로 유엔군 사령관에게 민간인들도 철수해야 한다는 의견을 제시하여 그 승낙을 얻어 냈다. 또 한 명은 흥남 부두에서 난민을 승선시킨 다음 무사히 거제도 장승포항에 14,000여 명을 도착하게 도운 빅토리아호의 선장 레너드 라루였다. 이 두 사람은 "나는 빛으로서 이 세상에 왔다. 나는 세상을 심판하러 온 것이 아니라 세상을 구원하러 왔기 때문이다."(요한 12,46-47)라고 말씀하시는 예수님의 말씀을 그대로 옮긴 것이다.

예수님은 어둠을 단죄하러 오시지 않았다. 오히려 어둠을 비추러 오셨다. 하느님은 인간의 불완전한 사랑을 사랑의 원천, 빛으로 인도한다. 누구나 어둠 속에 머물지 않게 하려는 것이다. 빛으로 오신 예수님의 사랑이 오늘도 우리 마음을 환하게 비추고 있다. 내가 그 사랑을 느낀다면 나는 하느님 안에 있는 것이다.

성경에서 '심판'의 말이 자주 나온다. 시편 작가들은 하느님의 심판을 두려워하지 않는다. 오히려 그것을 청하고 있다.

"하느님께 권리를 되찾아 주소서. 충실치 못한 백성을 거슬러 거짓되고 불의한 자에게서 저를 구하소서"(시편 43,1).

하느님의 심판은 단죄가 아니라 구원과 깊은 관련이 있다. 그리스도의 심판도 우리를 보호하시고 구원하기 위한 것이다. 최후의 심판역시 구원을 위한 것이다. 심판은 역사의 재 회복인데, 항상 사람을 살리는 그리스도 사랑, 그 토대 위에서 이루어진다.

결혼하기로 약혼한 남녀가 있다. 그런데 그녀의 약혼자가 어릴 적에 성당에서 알았던 친구들을 초대하였다. 친구들 가운데는 여자 친구들이 많았다. 그녀는 이 모임을 자신이 동의했는데도 시기심 때문에 몹시 마음이 불편했다. 약혼녀는 그런 자신을 책망했지만 느닷없이 질투심에 사로잡힌 것이다.

이럴 때, 약혼남이 당신도 찬성하지 않았느냐며 약혼녀를 비난하는 것은 정말 아무런 의미가 없다. 그녀의 질투심을 자책하는 것도 마찬가지다. 약혼녀는 솟아오르는 감정 앞에 자신이 무력하다는 사실을 아주 겸허히 받아들여야 한다. 바로 그 순간 사랑의 빛이 그녀를 비추며 자신의 시기심에 이끌려 내면에 들어가게 되고, 그녀의 질투라는 감정의 표층 속 영혼의 바탕에 사랑이 있다는 것을 만나게 된다.

마음속 고요히 움직이는 사랑을 만나면 질투심은 힘을 잃는다. 질투심은 감정의 영역에 있기 때문이다. 사랑은 감정의 영역보다 깊은 영혼의 바탕에 존재한다. 어떤 부정적인 감정도 우리 내면의 주인인 사랑이 깃든 그곳에는 발을 들이지 못한다.

사랑은 판단 멈춤이다

'성경이 전하는 사랑이란 무엇일까?'라고 묻는다면 창세기 2장의 근거를 두고 '판단 멈춤' '판단 중지'라고 말할 수 있다. 하느님은 낙원에 당신 모습을 닮은 아담과 하와에게 무엇이든지 다 할 수 있지만, 선과 악을 알게 하는 나무를 건들지도 먹지도 말라고 하였다. 하지만 그 열매를 따 먹는 순간 눈이 밝아져 가장 먼저 자신이 옷을 입지 않고 있는 것을 좋지 않게 판단하였다. 사랑은 판단 중지이다. 우리도 종종 이것은 선이고 저것은 악이며, 좋은 사람, 나쁜 사람 …… 등을 판단한다. 하지만 판단은 인간이 아니라 하느님의 몫이다.

어떻게 사랑을 할 것인가? 그것은 인간의 외적인 모습 안에 있는 본디 하느님에 의해 창조된 참 모습, 곧 영혼을 사랑하는 것이다. 사랑은 하느님으로부터 온다. 사랑하는 자는 누구든지 하느님으로부터 태어난 자이다. 사랑하는 자는 누구든지 하느님을 아는 자이다. 왜냐하면 하느님은 사랑이기 때문이다. 이것으로부터 우리는 그분 안에, 그분은 우리 안에 남아 있는 것을 알게 된다.

요한이 전하는 "나를 물리치고 내 말을 받아들이지 않는 자를 심판하는 것이 따로 있다."(요한 12,48)라는 말씀이 주님의 사랑보다 심판을 경고하고 있는 듯하다. 하지만 실은 빛이신 주님의 단죄가 아닌 심판은 우리를 구원하기 위한 하느님의 보호 손인데, 이를 거절하는 자 곧 살인자는 스스로 살인에 의해, 거짓은 거짓으로 단죄를 받는다는 것을 의미한다.

상대방의 어떤 폭력으로 인해 상처를 받은 사람은 그로인한 너무 깊은 고통에 머물지 말아야 한다. 폭행자들은 그 폭력으로 스스로 심판과 단죄를 받을 것이다. 주님은 빛으로서 어둠을 비추시어 구원에로 인도하시는 심판자이지, 단죄하는 분이 아니다. 심판하는 것이 따로 있다고 하는 것은 자기 자신의 어둠을 사랑으로 보듬어 주듯 주님의 빛으로서 환하게 비추었으나 밝게 변화하기를 거부하고 그 어둠에 남아 있는 그 자체가 심판이라는 의미를 말한다. 사랑을 받아들이지 않는 것 자체가 심판이고 단죄의 길로 빠지는 것이다.

심판하지 마라! 쉽지 않은 말이다. 현실로 모든 인간의 생각은 심판이다. 현실 존재의 행동을 인간이 취하는 순간, 이미 그것을 심판한다. 인간적인 심판들은 옳을 수도 또는 그를 수도 있다. 심오할 수도 표면적일 수도 있다. 하지만 윤리는 모든 성급한 심판을 죄로 여긴다.

하느님만이 오직 인간의 마음을 아신다(시편 7,10). 그래서 인간들에 대한 최후 심판은 하느님께 맡긴다. 주님의 기도에서처럼, 파라독스하지만 이웃을 바르게 심판한다는 것은 그것을 용서하라는 뜻이다. 성경은 주로 하느님의 심판에 대해 말한다. 히브리인들은 이 심판을 두려워하곤 했다. 더욱이 최고로 빠르게 심판이 오기를 기도하곤 했다.

"저를 심판하소서, 주님"(시편 7,9).

하느님의 심판은 박해자들로부터 해방되는 것임을 알고 있었다. 신약에서 우리는 하느님께서 모든 심판을 그리스도께 맡기셨다고 읽는다. "아버지께서는 아무도 심판하지 않으시고, 심판하는 일을 모두 아들에게 넘기셨다"(요한 5,22). 그리고 그리스도께서 사도들에게 맺고 푸는 권한을 주셨다(마태 18,18). 교회가 영으로 신적 심판을 드러내는 것이다. 고해성사의 예이다. 교회는 죄인을 해방하는 목표와 함께 심판의좌에 앉는다.

도스토예프스키(1821-1881년)의 소설 『죄와 벌』은 심판은 단죄가 아니라 그 뿌리에서 사랑이 있다는 것을 주인공 소냐를 통해서 말하고 있다.

가난한 대학생 청년 라스콜리니코프는 고리대금업을 하는 노인을 악으로 규정하고 단죄해 살인을 한다. 학비가 없어 학업을 중단한 대학생 라스콜리니코프는 벌레만도 못한 전당포 노파를 죽여 그녀의 돈으로 수많은 사람에게 도움을 줄 수 있다면 그 살인은 정당하다는 생각에서 전당포 노파를 도끼로 살해한다. 하지만 그는 어둠을 단죄하면 빛이 올 줄 알았지만 자신이 어둠이 된 것이다. 그러나 소냐는 라스콜리니코프를 판단하거나 악으로 단죄하지 않고 사랑으로 어두운 그를 세상 끝까지 빛 안에서 인도한다.

러시아적인 공동체 정신을 가장 아름답고 심오하게 작품 속에 구현시킨 사람은 아마도 도스토예프스키일 것이라고 석영중 교수는 말한다. 석 교수는 도스토예프스키의 비전 속에서 공동체 정신이란 궁극적으로 만인이 만인을 이해하고 받아들이며 사랑하는 것을 의미한다고 해석한다. 도스토예프스키의 유작 『카라마조프가의 형제들』에서 조시마 장로가 하는 설교의 핵심 역시 사랑으로 이루어지는 전 인류의 결속, 더 나아가 사물까지도 사랑으로 하나가 되는 전 우주적인 결속이다.

프란치스코 교황께서 2015년 5월 24일 성령강림대축일에 통합 생태론 주제. 우주와 세상을 위한 회칙 「찬미받으소서」를 발표하였다. "아시시의 프란치스코 성인께서는 이 아름다운 찬가에서 우리의 공동의 집이 우리와 함께 삶을 나누는 누이이며 두 팔 벌려 우리를 품어 주는 아름다운 어머니와 같다는 것을 상기시켜 줍니다"(찬미받으소서 1항). 사랑으로 온 우주와 세상이 공동의 집 지구를 돌보는 것에 관한 통합 생태론을 제시한 것이다. 교황의 통합 생태 회칙은 그 기저에 사랑으로 모두 우리와 피조물과 사물이 형제고 자매로서 '하나'의 연대를 촉구하고 있다.

교황 프란치스코의 통합 생태 회칙의 정신과 도스토예프스키의 유작 『카라마조프가의 형제들』의 정신이 서로 가깝다는 것을 소설의 내용에서 볼 수 있다.

"형제들이여, 사람의 죄를 두려워하지 말고 그의 죄 속에서도 인간을 사랑하십시오. 왜냐하면 그것이야말로 하느님의 사랑과 닮은 사랑이며 지상 최고의 사랑이기 때문입니다. 그리고 하느님의 모든 피조물을 사랑하십시오. 세상 모든 것들을, 모래 한 알에 이르기까지 말입니다. 나무 잎사귀 하나, 하느님의 햇살 하나까지도 사랑하십시오. 모든 동물들, 식물들을 사랑하십시오. 모든 사물을 사랑하게 되면 그 사물들 속에서 하느님의 숨은 뜻을 발견하게 될 것입니다.(……) 그리하여 마침내 우주의 범세계적 사랑으로 온 세상을 사랑하게 되는 것입니다. (……) 기꺼이 대지에 엎드려 그 대지에 입을 맞추십시오, 열심히 대지에 입을 맞추면서 끝없이 사랑하십시오. 만인을, 만물을 사랑하며 사랑의 환희와 열광을 추구하십시오. 기쁨의 눈물로 대지를 적시고 그것을 소중히 여기십시오."『카라마조프가의 형제들』

천국은 사랑하는 사람들의 나라이고 지옥은 미워하는 자들의 나라이다. 천국에는 사랑만이 존재할 뿐 믿음도 희망도 필요하지 않다. 오직 사랑만 존재하는 곳이다. 성경에 따르면 세상은 낙원 천국으로 시작했지만 변했다고 고백한다. 그 부정적인 변화를 '죄'라고 한다.

오늘날 지구의 온도와 기후도 많이 더워졌고 변했다. 특히 사람들이 그렇게 했다. 인간의 자기 갈망이 그렇게 만들었다. 그래서 인간의 갈망이 세상과 자연을 구하지 못할 뿐 아니라 지구 생태가 위험해졌다. 프란치스코 교황의 생태 회칙은 지구 세상의 낙원을 회복해야 하는 온전한 사랑을 말하고 있다. 오직 그 사랑만이 공동의 집, 지구, 그 식구의 사람들이 살아 있을 수 있다는 것이다.

사랑은 소중하고 아름답다. 남녀 간의 사랑, 부부의 사랑, 우정, 인류애, 동포애 등 사랑은 인간에게 존재와 삶의 근거이다. 하지만 세상은 인간이 갈망하는 사랑이 하느님의 사랑이라고 착각하여 왔다. 우리는 하느님 사랑보다 우리가 판단하는 사랑의 모습을 취하곤 했다. 우리가 사랑의 근원, 사랑의 진리와 함께 움직일 때, 본래의 세상 모습, 천국은 회복된다. 참된 사랑은 하느님을 체험할 수 있는 현장이 되기 때문이다.

평범한 사랑은 성숙한 사랑을 위한 출발이다

인간은 다른 사람과의 만남을 통해서 정체성이 드러난다. 믿는 이들에게는 바로 예수 그리스도와 만남을 통해서 드러난다. 구체적인 그리스도와 만남이 사랑이고 구체적인 행복(마태 5장)이다. 우리는 참사랑과 행복을 만나기 위해 하느님 사랑의 근원과 예수님의 행복을 인식해야 한다. 하느님 사랑을 만나기 위해 우리는 참된 사랑에 관해 인식해야 한다.

대부분의 사람은 자신이 마음먹은 만큼만 행복하다는 에이브러햄 링컨의 말처럼, 나는 모든 영혼이 참된 사랑을 만나는 순간 행복하다고 말하고 싶다. 참된 사랑은 우리 내면 깊은 곳을 건드리는 하느님의 말씀이다. 그것으로 우리 영혼 안에 있는 사랑의 원천에 다다를 수 있다. 성경 말씀이 우리 마음을 사로잡아, 영혼의 바탕에서 말라 있는 사랑을 촉촉하게 할 수 있다. 우리는 인간적 사랑을 성취하기 위해서는 영적 체험이 필요하다. 한 인간의 사랑에 모든 것을 기대하면 우리의 갈망을 충족하지 못하고, 상대에게 불만을 품고 많은 것을 요구하게 된다.

성당에서 만난 한 젊은 남녀가 사랑해서 결혼하였다. 하지만 남편은 부인에게 불만을 품고 많은 것을 강요하곤 하였다. 직장에서 돌아오면 가끔 집에 없는 부인을 보고 자신을 사랑해 주지 않는다고 비난하였다. 부인이 친구들 모임에서 전화를 받지 않고 늦게 집에 들어오면 가차 없이 질책을 하였다. 결국 남편은 부인에게 사랑을 더는 느낄 수 없다고 하였다. 하지만 이런 식으로 부인을 비난할 수록 부인도 그 자신 안에서 사랑을 느끼지 못하게 된다. 비난과 질책은 사랑을 일깨우기보다는 오히려 몰아내기 때문이다.

중요한 것은 남편의 사랑과 부인의 사랑이 그저 특별한 것이 아니라는 것을 서로 솔직하게 인정하는 데 있다. 그 순간부터 각자의 마음과 영혼 속에서 숨어 있는 사랑의 잠재력이 움직이기 시작한다. 그 순간부터 부부는 서로를 존중하고 지지해야 한다. 그럴 때 이 모든 자세와 표현이 사랑의 표지로 드러난다.

사랑을 늘 감정으로만 표현하고 느끼는 데로 쏟아 붓는다고 관계가 성숙해지지 않는다. 감정은 나타났다가 사라지기도 하는 것이다. 하지만 그 감정과 느낌 너머에 있는 하느님의 사랑, 참된 사랑을 만나야 한다. 이것이 바로 영적 잠재력을 깨닫는 것이다. 그런데 영적 잠재 능력을 알아차리고, 하느님의 사랑을 만나기 위해 부부가 전보다 더 많이 기도해야 한다거나 부부의 갈등을 하느님께 해결해 달라고 간청해야 한다는 것이 아니다.

우선 외국어를 배울 때 먼저 문법을 공부하듯이, 사랑에 대한 개념을 인식해야 한다. 그리고 두 부부가 기도와 명상을 통해 각자 자신 안의 고요한 공간과 접촉하는 것을 의미한다. 부부는 이 고요한 공간으로 물러나서 각자 자신을 하느님의 사랑과 만날 수 있다. 그 순간 자신의 온전함을 회복하고 다시 사랑하는 상대를 향해 갈 수 있어서 더 성숙한 관계를 맺게 된다.

부부 싸움을 하면 잘못을 항상 상대방에게 전하고 비난하는 부부가 있다. 심리학자들은 잘못에 대한 책임 전가가 대개 어린 시절에 죄책감을 생기게 하는 뿌리가 있다고 말한다. 가령 아들을 낳았어야 하는데 딸자식이 태어났다고 자녀에게 불평석인 말을 하거나, 자녀에게 "너를 임신하지 않았다면 네 아빠와 결혼은 하지도 않았을 것"이라는 소리를 듣는 경우를 말한다. 나도 어려서 엄마한테 "내가 어디서 태어났냐"라고 물으면, "다리 밑에서 주워 왔다"라고 들었다. 또 엄마가 임신했을 때 입덧이 심하고 수차례 혼절을 하였으며 결국 제왕절개 수술로 아기를 얻었던 기억을 생생하게 자녀에게 전달하게 되는 예도 있다.

이렇게 부모의 고통이 자신의 책임이라는 일종의 영혼 속에 각인된 죄책감이 어려서부터 형성된 것이다. 이런 마음가짐을 품고 있는데 남편과 부인이 싸움 중에 서로 자신에게 잘못을 전가하면 오래된 죄책감이 다시 움직인다. 이런 죄책감은 자존감을 갉아 먹게 한다. 힘든 부부의 가정생활 중에서도 나의 정체성을 지키기 위해서는 이 무결한 내면의 본질에 대한 체험이 죄책감 따위는 느끼지 않는 참된 자기에 대한 체험이 필요하다. 그것이 바로 사랑의 체험이다.

사랑은 존재의 법칙, 사랑의 표지, 배꼽

사랑은 인간과 세상 우주를 이해하도록 하는 원리이고, 신의 정체성이자 본질이다. 그러므로 사랑은 우리를 존재하게 하는 근원이다. 우리가 존재하는 이유는 사랑이신 하느님(1요한 4,16)으로부터 우리가 기인하는 것이기 때문이다.

사람은 무엇으로 사는가? 사람 존재의 근원이 사랑이고, 살아가는 존재의 방식과 법칙도 사랑이다. 사랑을 이해하기 위해 먼저 우리의 몸을 읽어야 한다. 몸이 말하는 첫 언어가 바로 사랑이라면, 증거자 막시무스(580-662년)는 인간의 중심, 배꼽의 중요성을 인식하면서, 배꼽이 인간 기원을 말하고 있다고 말한다. 그는 몸은 나의 소유가 아니라 무엇인가 만들고 소통하는 사랑의 선물이라고 성찰하였다. 사랑의 증표로서 배꼽은 스스로가 아니라 부모의 사랑으로 내가 세상에 왔다는 존재 기원의 표지인 것이다.

내가 살아왔고 살아갈 사랑은 무엇인가?
젊은이들, 남성과 여성의 사랑은 '서로 바라보는 것'이다.
부부, 곧 남편과 아내의 사랑은 '함께 같은 곳을 바라보는 것'이다.

감정의 약속이 아니라 우리에 대한 하느님의 계획을 이야기하고 함께 바라보는 것이다. 부부 안에서 성령의 역사를 인식하는 것이 혼인의 영성이다. 충실성은 나쁜 것을 하지 않는 것이고 사랑으로 충만함을 사는 것이다.

하느님의 사랑은 '계약을 파기해 죄 지은 사람을 용서하는 것'이다.

사랑이 사람의 구성체, 몸, 마음과 영혼, 영을 어떻게 움직이고 관계를 맺게 할까? 몸은 오직 한 사람 배우자에게 사랑을 나누어 줘야 한다. 영혼은 사랑하는 사람 안에 있지만 그 완성은 새로운 계약의 성사 혼인으로 이루어진다. 신적인 사랑의 근원은 바로 예수 그리스도의 옆구리에서 나온 물과 피다. 희생은 사랑의 완성이기 때문이다.

사랑이 무엇이냐고 질문한다면 다음과 같이 다양한 언어로 대답할 수 있다. 사랑은 약속이다. 사랑은 표현이다. 사랑은 반응이다. 사랑은 접촉이다. 사랑은 호칭이다. 사랑은 빛이다. 사랑은 판단 중지다. 사랑은 대화이다. 사랑은 눈길이다. 사랑은 나눔이다. 사랑은 온유이다. 사랑은 겸손이다. 사랑은 자비이다. 사랑은 슬픔이다. 사랑은 맑고 깨끗함이다. 사랑은 의로움이다. 사랑은 평화다.

사랑에는 아가페(Agape; 무상과 무조건의 사랑, 하느님의 사랑), 필리아(Philia; 우정), 에로스(Eros; 소유하는 사랑, 남녀의 사랑, 본능적 사랑)의 세 단계가 있다. 그리고 사랑은 그리스도교의 가장 중요한 가르침(하느님에 대한 사랑과 이웃에 대한 사랑)이고 그리스도교의 하느님은 사랑이시다.

첫째, 하느님은 신적인 실체로서 사랑이시다. 사랑은 우리가 하느님께서 우리를 위해 가지고 계신 사랑(1요한 4,16)을 예수 그리스도 안에 인식함으로써, 그리스도를 통해 다가갈 수 있는 비밀이다. 사랑은 하느님의 신비 그 자체이다.

둘째, 인간이 하느님을 사랑한다면, 그 '사랑은 하느님에게서 온다'(1요한 4,7).

셋째, 행복(구원)은 사랑에 있다. 영원한 삶은 하느님께서 그 아들의 중개로 당신 사랑을 드러냄으로써 인간과 맺고자 하시는 관계에 있다(요한 17,3).

하느님의 자녀인 우리 행동의 근원에는 두 가지 경향이 있다. 하나는 에로스로서 인간으로서 운명을 완수하기 위한 지극히 인간적인 방법으로써 사랑이며, 다른 하나는 아가페로서 신적인 방법의 사랑으로, 베풂과 희생의 원천이신 성삼위격의 너그러운 사랑에 참여하는 것이다. 우리에게 열망이 일방적인 움직임이라면, 하느님은 우리에게 채워 주시기 위해서 열망을 심으신다. 사랑이신 하느님이 가까이 계실 때 경험할 수 있는 도취, 황홀경이 바로 에로스의 원천이다.

에로스는 인간 마음의 채워지지 않은 열망이고, 아가페는 은총을 통해 마음 안에 계시는 성령의 은사이다. 이것이 바로 두 사랑이 이 중성 안에 결합되어 있는 이유이다. 인간은 하느님을 사랑하고 이웃을 사랑해야 한다. 이 두 개 사랑의 관계는 관상과 실천의 관계와 같다. 그리고 하느님에 대한 사랑이 이웃에 대한 사랑에 선행한다. 영적 사랑이 물리적 사랑에 앞선다. 이웃에 대한 사랑은 무엇보다도 그 이웃을 하느님의 사랑으로 인도하는 것이라야 한다. 에로스는 인간의 운명을 완수하기 위한 지극히 인간적인 방법의 사랑이다. 아가페, 이는 하느님의 사랑으로, 그 사랑에서 넘쳐 나는 베풂과 희생에 참여하는 사랑이다.

둘이 한 몸이 된다

고대 그리스 신화에 따르면 남성과 여성이 본디 둥근 구형으로 하나의 존재를 이루었다. 이 거인들이 제우스신 앞에서 반역을 일으키자 제우스신은 그 벌로 그들을 둘로 갈라놓았다. 그렇게 해서 남자와 여자가 태어났는데, 절반이 된 둘은 서로 하나가 되려고 항상 나뉜 한쪽을 그리워하며 찾는다. 자신의 다른 반쪽을 향한 갈망으로 에로스가 생겨난 것이다. 플라톤은 이 신화를 사랑이 근원적으로 인간의 일부라는 것으로 해석한다. "인간이 복된 사랑 안에서 자신의 본디 반쪽을 만난다면, 자기 자신을 만나는 것이고 그것을 긍정하는 것이다"(Hirschberger 34). 곧 사랑은 인간을 참된 자기로 인도한다. 인간은 근원에서 남성과 여성이라는 양성의 유기적 균형을 이룰 때 완전한 존재가 되는 듯하다. 신화 이야기지만 요즘 의학이 말하는 양성호르몬을 지닌 인간에 대한 이해와 관련이 있어 보인다.

한편 니사의 성 그레고리우스는 이 이론에 가까운 영적 가르침의 가설을 다음과 같이 전한다. 아담이 낙원에서 천사와 같이 창조되었다면, 남성과 여성 양성을 지닌 존재였을 거란다. 양성을 지닌 인간이 죄를 지어 남성과 여성의 두 가지 성으로 나뉘고, 하느님께서 그들에게 가죽 옷을 입혔다. 그리스도교 진리와 거리가 있는 가설이지만 왠지 설득력이 있어 보인다.

인간은 이같이 누구도 혼자서 완벽할 수 없다. 다른 사람 안에서 완성된다는 의미일 게다. 인간은 다른 존재 안에서 성장하고 다른 이들 안에서 자신을 만난다. 요즘 멘토들이 젊은이에게 전하는 메시지를 한마디로 요약하면 "젊은이여, 많은 사람을 만나라! 젊은이여, 마음을 다해서 사귀어 보라!"라는 것이다. 사람을 많이 만나 보아야 자신을 진정으로 알 수 있기 때문이다.

신약성경 외경인 토마스 복음에서 예수님은 "모든 것을 안다 해도 자기 자신을 모르는 사람은 아무것도 모르는 사람이다."라고 하셨다. 남녀 존재도 서로를 통해 다름의 차이와 이중성을 지니고, 서로 동일하다는 일치성을 만나야 한다는 것을 알게 된다. 하지만 양성 차이에도 불구하고 분명한 것은 하느님 눈에 남자와 여자는 똑같다는 것이다.

바리사이들이 "남편이 아내를 버려도 됩니까?" 하고 물었다. 예수님께서 모세가 어떻게 하라고 명령했냐고 되물으시자, 그들은 "이혼장을 써 주고 아내를 버리는 것을 허락했다."라고 대답하였다. 이어 주님께서는 "너희 마음이 완고하기 때문에 모세가 그런 계명을 기록하여 너희에게 남긴 것이다."라며 마음이 무딘 것이 문제의 핵심이라고 지적하신다. 그리고 남자와 여자는 "둘이 한 몸이 될 것이다." 하고 말씀하시면서 "하느님께서 맺어 주신 것을 사람이 갈라놓아서는 안 된다."라고 혼인 불가해소성을 강조하셨다.

둘은 둘이고 하나는 하나일 텐데, 복음은 왜 남자와 여자가 둘이

한 몸이 될 것이라고 말하고 있는 것일까. 남자와 여자 관계 뿐 아니라 세상의 발전은 분리와 일치를 통해 이루어진다. 사회에서도 변화는 만남과 헤어짐을 통해 지속적으로 일어난다.

이처럼 남자와 여자라는 '둘'과 남녀의 똑같은 '한' 인간은 동전 양면처럼 그리스도교 진리의 핵심을 담고 있다. 둘은 남자와 여자가 지닌 차이와 특성, 그리고 다양성이라는 이중성을 말한다. 하지만 한 몸이 된다는 것은 남녀가 동일하다는 일치를 말한다. 둘의 가치는 본질적으로 자유를 지향하고, 한 몸이 되는 가치는 질서와 책임을 말한다. 그러니 둘이 지닌 자유의 의미, 그리고 하나가 담고 있는 질서와 책임은 서로 경쟁하거나 반대하지 말고 상생과 협력으로 조화를 이루어야 한다는 것이다.

그런데 자유와 책임은 실천과 적용에서 타이밍을 잘 발휘해야 한다. 그렇지 않고 자유를 누려야 할 때 책임과 질서로 그것을 압박하고, 책임을 져야 할 때 자유를 내세운 방임으로 그것을 무질서하게 한다면 남자와 여자의 둘은 한 몸이 되지 못하고 서로 갈등을 일으킨다.

오늘날 하느님께서 맺어 주신 혼인이 위기에 처해 있고 이혼율이 급증하고 있다. 복음적 충고는 꿈같은 이상이 되어 버렸고, 모든 이에게 무력한 가치가 되었다. 성경이 지속적으로 세상에 보여 주는 것은 인간은 하느님 계명을 따르지 않는다는 것이다. 마음이 완고하기 때문이다. 하지만 인간은 사랑을 통해 하느님께 나아가는 존재이다.

성 바오로 사도는 사랑을 찬미하며 인간이 저마다 영혼 속에 지니고 있는 사랑 자체의 근원적 예감을 언급하고, 이로써 자신의 언설로 영혼의 바탕에서 사랑이 깨어나게 한다. 바오로 사도에게 사랑은 그리스 철학처럼 인간의 본성에 근거하기보다 하느님의 선물이다. 사랑은 성령을 통해 우리 마음 안에 부어졌다. 그래서 모든 사랑의 원천이신 하느님을 어렴풋이 느낀다.

아가페, 사랑의 새 계명

구약성경에는 하느님 상을 만들지 말라는 금령이 있다. 상대에 대한 표상을 만들지 않는 것도 남녀 및 부부 관계에서 영적인 요소이다. 안셀름 그린 신부는 말한다. "상대에게는 내가 온전히 포착할 수 없는 그 무엇이 있다. 상대를 한 표상에 붙박아 놓으면 관계는 곧 지루해진다. 상대의 행동 방식을 훤히 알고, 또 언행과 태도도 모두 꿰고 있다고 여기게 된다." 막스 프리슈는 "사랑은 그 어떤 상으로부터도 벗어난다."라고 말했고, 그의 딸 우르줄라 프리슈는 "상을 만들지 않는 것은 오직 사랑 안에서만 가능하다."라고 응답했다. 우리는 상대를 표상으로 꽉 붙든다. 하지만 누구에게나 우리가 고스란히 포착할 수 없는 그 무엇이 있다. 성경은 그것을 '아버지를 향해 올라가는 어떤 것', '인간을 하느님을 향해 열어 주는 것'이라고 말한다. 이것은 고유한 것, 신성한 것, 하느님이 집 같은 것이다. 이러한 차원을 명확히 의식해야, 비로소 마음으로 하나 되는 관계가 오래도록 생생하게 유지된다.

베네딕토 16세 교황은 "그리스도인이 된다는 것은 한 사람을 만나는 것"이며 복음이 실제로 전하고자 하는 것은 담화나 개념이 아니라 예수님의 인격이라고 「주님의 말씀」 11항에서 말씀하였다. 교황은 "몸을 굽혀 제자들의 발을 씻어 주시고(요한 13,1-13)……, 우리를 사랑하신 그리스도처럼 형제들을 사랑하도록 이끌어 주는 내적인 힘"(하느님은 사랑이십니다. 19항)라고 강조한다.

베네딕토 16세 교황은 인간을 먼저 사랑하신 하느님의 사랑이 우리 가운데 나타났고 당신을 드러내신 것이라고 말씀한다. "하느님께서 당신의 외아들을 세상에 보내시어 우리가 그분을 통하여 살게 해 주셨기"(1요한 4,9) 때문에 인간은 예수님을 통하여 우리가 아버지를 볼 수 있다(요한 14,9). 교황은 "하느님께서는 우리가 스스로 만들어 낼 수 없는 감정을 요구하시지 않는다. 그분께서 먼저 우리를 사랑하셨으므로, 사랑 또한 우리 안에서 응답으로 꽃필 수 있다."라고 말씀한다.

"서로 발을 씻어 주어야 한다."(요한 13,14)라는 예수님이 제자들의 발을 씻어 준 행위는 요한복음의 '때' 곧 '시간'과 관련이 있다. 그 시간은 예수님이 끝까지 이르는 사랑을 보여 주고 하느님께 건너가는 때이다. 곧 십자가 죽음에 이르기까지 아버지께 건너가는 순간 자신을 내어 주는 사랑의 시선이고 표지이다. 바로 예수님이 자신의 사랑을 보여 주는 때이면서 동시에 하느님께 돌아가는 시간이다. 잃어버린 양을 찾아가는 목자의 사랑, 돌아온 아들을 품고 또 품는 자비로운 아버지의 사랑이다. 예수님 당신이 전 생애에서 행하신 것을 제자들에게 사랑의 표지로 보여 준 것이 발 씻김이다.

우리가 서로 사랑하여 움직이는 행동은 예수님의 행동과 구별되지 않는다. 제자들 가운데서 예수님의 활동이 계속 되었을 뿐만 아니라 예수님의 이름으로 하는 행동들은 더 이상 제자들의 행동이 아니라 예수님이 했던 바로 그 행동이 된다. 그래서 "내가 너희에게 새 계명을 준다. 서로 사랑하여라. 내가 너희를 사랑한 것처럼 너희도 서로 사랑하여라."(요한 13,34)는 의미를 알 수 있다. 서로 사랑하는 사람들은 서로 하느님 안에서 만나는 것이다.

새 계명이 새로울 수 있는 이유는 "내가 너희를 사랑한 것처럼……; 사랑하라."(요한 13,34)에서 찾을 수 있다. 자기 폐쇄성 안에 갇혀 있는 인간이 아니라 예수님이 보여 준 모범에 따라 타인을 위해 희생할 수 있는 사랑을 하게 된다. 이것 또한 우리가 그리스도와 함께 할 때, 그리스도 안에 있을 때 가능하다고 베네딕토 16세 교황은 강조한다.

사랑의 새 계명은 "제 십자가를 지"(마태 16,24)는 것이라고 생각한다. 예수님은 제 십자가를 지라고 하셨지, 자신을 십자가에 못 박으라고 하시지 않았다. 십자가에 못 박으라는 폭력은 빌라도가 한 말이다. 헌신적 사랑의 절정이 바로 십자가이다.

아가페의 지속적인 실현이 성체성사이다. 부활하신 예수님과 심오한 사랑의 만남이다. 미사 안에 현존하시고 우리는 영성체로서 주님과 하나가 된다. 그러므로 영성체로 우리는 넓은 세상에서 온 인류를 위해 매일 새롭게 사는 행복한 사랑의 새 계명을 살아갈 때 세상에서 현존하는 주님을 또한 만날 수 있다.

새 계명이 새로운 계명일 수 있는 이유는 다른 종교 또는 구약의 가치보다 더 높고 깊은 차원의 것을 요구하기 때문이 아니다. 새 계명일 수 있는 이유는 그 계명이 예수 그리스도의 인격과 관련이 있기 때문이다. 예수 그리스도의 인격에 빠져들면 들수록 이웃을 향해 사랑할 수 있는 내적인 힘을 얻게 된다고 베네딕토 16세 교황은 강조한다.

제2부

사랑은
시선입니다

몸, 영혼, 영

내 몸은 어디에 있나? 지금 여기에 있다. 내 마음은 어디에 있나? 몸과 함께 있지만 가끔 콩밭에 가 있기도 하다. 그러면 내 영혼은 어디에 있나? 사랑하는 사람 안에 있는데, 그렇다고 내 안의 영혼이 사라지는 것이 아니다.

성경에서 몸은 인간이 지상에서 일생 동안 지내다가 죽음을 통해 벗겨지고 부활 때 다시 되찾게 되는 단순한 살과 뼈의 집합보다 훨씬 더 숭고한 존엄성을 지닌다. 하느님의 나라를 물려받지 못하는 멸망해 버릴 육과는 달리, 몸은 구세주처럼 다시 일으켜질 것이며, 그리스도의 지체이며, 성령의 성전이므로, 인간은 자신의 몸을 하느님의 영광을 드높이는 데 써야 한다.

그러므로 인간의 몸, 영혼(정신, 마음), 영은 각각 독립된 실체로서 기능을 하지만 서로 바라보며 움직인다. 사랑은 서로를 바라보는 것이다. 그들은 서로 영향을 주고 온전히 더불어 움직이는 존재이다. 영혼(정신, 마음)과 영은 몸 안에 있고, 몸과 영혼(정신, 마음)과 영이 함께 만나 하나를 이루는데 그 힘이 바로 사랑이다. 사랑은 서로 바라본다. 사랑이 있다면 몸, 영혼(정신, 마음), 영이 함께 만나 하나를 이루도록 움직이기 시작한다. 사랑은 시선이다. 사랑은 영혼이 움직이는 순간 영에 이끌려 몸을 통해 실천한다.

영혼은 몸의 형태를 지니고 있지만, 영적이며 단일체이고 몸과는 독립된 활동을 펼친다. 영을 따르면 영에 의해 올려지고, 육을 따르면 육적 욕망으로 간다. 영혼은 신의 숨결이지만, 지상의 요소와 만난 몸에 자신을 내어 준다. 영혼은 스스로 존재하며 몸에 생기를 준다. 성경에서 영혼(nephes)은 인간을 '살아 있는 영혼'이 되게 하는 생명의 숨이다. 성 바오로는 주님의 재림 때 우리의 "영(pneuma)과 영혼(psyche)과 몸(soma)을 온전하고 흠 없이 지켜 주시기를 빕니다."(1테살 5,23)라고 기도한다.

오리게네스(185?-254?년)에 따르면, 영혼이 성령의 영향을 받을 때만 영적인 것이 된다. 성 이레네우스에 의하면, 완전한 인간은 성부의 영을 받은 영혼이 섞이고 결합하여 온전히 육과 혼합되는 데에 있다. 인간 혼합체의 세 번째 요소 영은 육신과 영혼보다 더 신성하며, 인간의 중심 실체라 할 수 있다. 인간이 지닌 일종의 자기 초월로 규정되어 왔다. 영은 밖으로부터 오셨지만, 동시에 인간 '자아'에 속한다. 영은 인간의 영이면서 동시에 성령이다.

사랑은 서로 바라본다

사랑은 우리를 장님으로 만들지 않고 보게 한다. 사랑은 시선이다. 다르게 보게 한다. 사랑은 충동이 아니라 마음이라는 인간의 내면을 통해 정감을 보도록 우리를 인도한다. 내 영혼이 사랑의 대상 안에 머물기에 사랑하는 순간 영혼은 사람을 움직인다. 사랑 받는 사람의 현존은 사랑하는 사람 안에 있는 법이다. 정감과 애정은 존재와 연결된다. 사랑의 시선으로 충만하고 꽉 찬 곳이 나의 내면 곧 영혼이고 그곳에서 영혼이 살아 움직인다.

사람은 왜 사랑과 영혼에 집중하고 있는가? 사실 그리스도교는 사랑의 종교이다. 사랑은 모국어와 같아서 배우는 것이 아니라 삶에서 체험된다. 하지만 그러한 환경을 만날 수 없었다면 성장해서 사람이 외국어를 배우듯, 사랑을 이해하고 만나기 위해서는 사랑의 의미와 개념을 정확하게 배울 기회를 가져야 한다. 외국어를 배울 때 문법을 배우듯, 사랑을 배워야 한다. 사랑의 시선을 맑게 가져야 한다. 안타깝게도 한국 사회는 40~50년 동안 앞만 바라보며 경제성장을 이룩하기 위해 달려갔다. 교회에서도 제대로 된 사랑의 가르침에 인색하였다. 나는 사랑에 관한 모든 것, 특히 그리스도교 진리가 전하는 사랑을 찾고 그 시선을 만나 모든 영혼이 주님의 사랑을 만나고 움직이도록 전하고 싶다. 하느님은 사랑이(1요한 4,16)기 때문이다.

그러므로 사랑은 서로 바라보는 것, 함께 같은 곳을 바라는 보는 것이 사랑의 기초 문법이라고 말하고 싶다. 특히 젊은 남녀의 사랑은 서로 바라보는 사랑이고, 부부 간의 사랑은 함께 같은 곳을 바라보는 사랑이다. 이러한 사랑의 뿌리는 그리스도교 신앙의 진리 삼위일체 신앙에 두고 있다. 삼위일체 신비의 사랑은 서로 바라보는 사랑과 함께 같은 곳을 바라보는 특징을 지니고 있다. 곧 아버지, 아들, 영은 서로 사랑의 시선으로 바라보며 일치한다. 사랑의 시선이 풍요롭게 드러나면서 아버지, 아들, 영이 함께 같은 곳, 세상과 인간을 바라보면서 그 사랑을 심화하는 것이 바로 구원의 개념이다.

엘루셰크는 강조한다. 사랑은 두 사람이 계속 서로만 쳐다볼 때가 아니라, 자신들을 넘어서 편협하지 않은 공동의 목표를 바라볼 때 오래도록 생동한다. 이 목표는 두 사람을 넘어서는 어떤 것, 하느님을 지향하며 가리켜야 한다. 빅토르 프랑클은 "우리는 우리 삶을 가치 있는 것에 바칠 때, 비로소 삶을 가치 있는 것으로 체험한다."라고 통찰한다. 이것은 서로 바라보는 시선과 함께 같은 곳에 두는 시선의 온전한 사랑의 시선을 말한다.

사랑의 시선과 함께 상대방과의 관계가 잘 맺어지려면 공감을 동반하는 대화가 필요하다. 사랑의 시선은 다음 단계로 진행한다. 서로 바라보고, 대화하며, 같은 곳을 바라보는 것이다. 사랑은 반응이고 응답인데 그 첫걸음이 바로 대화다. 아무런 반응이 없으면 상대는 홀로 버려졌다고 느낀다. 많은 부부가 서로 이렇게 말한다. "당신이 반응이 없으니 나는 벽하고 대화하는 기분이야, 당신하고 왜 사는지 모르겠어." 그러면 배우자는 대화를 피한다. 아예 입을 닫아 버린다. 감정 없이 사무적으로 대응하더라도 아무런 반응도 없는 것보다는 도움이 된다. 비난하고 평가하며 압박하고 단죄하는 표현이 대화 속에 섞여 들기 때문에 대화는 이루어지지 않는다.

무엇보다 상대방이 내 말을 이해하면서 자신의 생각을 말한다고 믿어야 한다. 너무 밀어 붙이면 뒤로 물러서기 마련이고, 응답하지 않고 대응하지 않으며 아무런 문제가 없는데 상대방이 무조건 시비를 건다며 반발한다. 상대가 내 말에서 비난의 낌새를 느끼면 상대는 방어 자세를 취하게 된다. 곧 대화가 불가능해지는 것이다. 올바른 대화를 위해 상대의 내면에서 무엇인가 움직이는 신뢰와 희망 그리고 선한 본질이 있다는 믿음이 필요하다.

마음과 영혼이란 무엇인가?

현대인은 머리로 생각하고, 의지와 원의로 결정하며, 마음으로 느낀다. 하지만 성경에서 마음은 생각과 사고의 충만함이다. 고대 유다인은 논리나 이성을 설명하는 말을 가지고 있지 않았다. 고대 현자는 마음속에서 자신을 돌아보는 성찰과 묵상을 하였다. 마음 없는 사람은 감각도 없는 사람이며, 지혜롭지도 못한 자이다.

지혜 문학의 모든 페이지는 마음의 언어들로 가득 차 있다. 셈족 언어문화에서 모든 것을 잊은 사람은 마음이 텅 빈 자 곧 속이 없는 자이다. 만일 생각이 그의 마음을 더 이상 건드리지 않는다면 그것은 그에게 흥미를 잃게 한 것이고, 물질보다도 의미 없는 존재로 여겨졌다.

사회적으로 큰 영향을 주는 인물에 대해서는 백성들의 마음을 훔쳐 간 사람이라고 말했다. 이와 같이 성경에서 마음의 용어는 매우 글로벌하며, 인간의 모든 행위를 가리키고 있다.

마음이란? 감정과 느낌들로 시작해서, 자신의 삶을 돌아보는 성찰을 통해서 진보의 과정을 거친다. 그리고 자신의 생각과 표현을 만들어 간다. 결국 각자 마음에서 일어나는 선과 악의 식별을 배우고 거기서 실천적인 행동이 발생한다. 그 행동의 시작은 바로 정화된 마음이었다.

이와 같이 결론적으로 마음은 윤리 생활의 뿌리이자 중심이 된다. 고대 유다인은 주님께 신뢰와 믿음을 두거나 두지 않거나하는 그런 특징의 삶을 살았다. 주님께 접촉한 사람은 마음이 거룩한 자이다.

마음은 가슴속에 있다. 마음이라는 단어를 모호하게 써 왔다. '마음이 따뜻하다', '마음이 차갑다', '마음이 넓다', '마음이 좁다' 등 표현하니까 마음이란 그 사람의 인간성, 인간으로서의 성숙도를 나타내는 것이라고 생각해 왔다.

하지만 마음은 하느님과 인간이 만나는 곳이다. 후대의 신비가들은 '영혼의 영역', '영혼의 본질', 인간의 모든 힘이 모이는 '삶의 중심', '삶의 뿌리'에서 하느님과 인간이 만나는 곳을 찾았다. 이 초점이 바로 마음이다.

은수자 테오판은, "마음은 영혼과 육신의 모든 힘의 에너지를 존재하게 한다."라고 하며 성경의 언어에 맞추어 썼다. 그것은 나의 '나'고 인간 행동의 '근원'이며, 인간의 모든 힘의 중심이고 정신의 중심이며, 영혼의 중심이고, 육체적 힘의 중심이다. 마음은 인간 안에 있는 일치의 원리, 인간 통합의 원리이다. 몸과 영혼의 결합은 신비스럽다.[1]

　마음은 몸처럼 여러 가지 차원이 있다. 깊은 차원 안에 하느님이 계시다. 양심의 목소리다. 그 안에 하느님의 목소리가 나에게 말한다. 내 안에 존재하는 영혼의 목소리가 하느님의 현존을 말한다. 내가 그 목소리에게로 갈 수 있다. 하느님에게 가기 위한 내면에서 하느님과의 관계가 켜져야 얼마나 그 목소리에 응답하며 따를 수 있는지가 중요하다. 따를 수 있는 것이 은총이다. 예수님은 하느님의 것을 가르치고 배우게 함으로써 하느님의 사랑을 주신다. 복음에서 그리스도께서 치유하는 나병 환자의 이야기는 우리의 깊은 곳에서 하느님의 선물을 이해하고 사랑의 시선을 만나게 한다.

　영혼은 몸과 함께 인간을 구성하는 것이다. 영혼이라는 말을 쉽게 자주 써 왔지만 사실은 그것이 무엇인지 잘 모르는 채 모호하게 사용해 온 것 같다. 영혼은 인간의 생각, 마음등 정신적인 것들의 총칭이라고 여기고 있었다. 교부들과 교회 지도자들이 쓴 '영혼에 관한' 책들에 따르면, 영혼을 '지상에서의 삶'의 원리로 보는 것과 '영'과 결합

---

1) 토마스 슈피드릭, 그리스도교동방영성, 가톨릭출판사, 2014. 199-200.

하여 '영성화'된 영혼으로 보는 두 종류가 있다.

토마스 아퀴나스는 영혼은 몸의 형태를 지니고 있지만 '영적'이며 단일체이고 몸과는 독립된 활동을 펼친다는 이론을 펴냈다. 영혼은 성령의 힘의 온전히 잠겨 있는 한에서 진정 '영적'이라 할 수 있다. 이레네우스는 영혼이 자신의 자유로운 선택을 통하여 자신을 영성화해야 한다고 말한다. 영혼은 몸과 영이라는 두 가지 사이에 있다. 나지안주스의 그레고리우스는 "영혼은 하느님의 숨결이며, 하늘에 그 기원을 두고 있긴 하지만 지상의 요소가 뒤섞인 혼합체에 자신을 내어준다. 그것을 동굴 속에 숨겨진 불빛이기는 하지만, 그럼에도 불구하고 신적이며 불망하다."라고 썼다. 인간은 '영혼을 통해 하느님'과 일치된다.[2]

사랑하는 사람 안에서 움직이는 마음과 영혼은 더 이상 내 방식으로 사랑을 하도록 두지 않는다. 사람은 몸과 마음 그리고 영혼을 다해서 온전히 사랑하고 싶어 한다. 참 행복과 사랑을 배우고 사랑의 시선을 만나며, 행복한 사랑의 모든 것을 알고 싶어 한다.

나는 더 이상 내 방식의 시선대로 그렇게 사랑하고 싶지 않다. '모든 사람이 마음과 영혼에서 빛나는 하느님 당신 사랑의 시선을 만나게 하소서.'라고 기도한다. 사랑의 영혼이 움직이는 순간 하느님의 시선을 만나게 된다. 신약성경 복음에서 그 사랑은 사랑의 내적 태도인 8가지 행복(마태 5,3-10)과 만난다. 온유, 겸손, 자비, 회심, 정화, 정의,

---

2) 같은 책, 183.

평화이다.

사랑의 온유한 표정을 익히고, 행동하는 사랑 겸손을 살며, 사랑의 근원 자비를 품고, 거룩한 사랑 슬픔으로 회심하며, 깨끗한 마음으로 단순히 사랑하고, 결국 혼이 담긴 정의의 사랑을 하고 싶다. 그래서 하늘, 땅, 사람을 모두 사랑하고 싶다. 이것이 바로 사랑의 완성, 평화다. 아시시의 프란치스코의 사랑, 예수님의 사랑, 하느님의 사랑, 인간의 사랑, 나는 이제 그렇게 사랑하고 싶다. 평화의 기도를 드리고 싶다.

원수를 사랑하는 이유

성경에서 나병 환자가 치유를 받는 장면이 나온다. 나병은 습하고 따뜻한 지역에서 발병한다. 근동 이스라엘, 이집트 알렉산드리아에서 나병 환자들이 있었고, 예수님께서 환자들을 치유하는 모습을 신약성경에서 볼 수 있다. 성경에서 나병은 외적인 피부병이지만, 신학적으로 죄의 이미지로 상징화한다. 피부조직이 상하고 문드러지는 나병 환자들이 갖는 사람들과의 관계는 서로 멀어진다. 이런 표상은 마음이 무너지고 하느님과 사람의 관계가 어려움이 많아지는 것을 말하고 있는 것이다. 사람은 만나고 대화하며 소통하는 존재이다. 하지만 보기 흉한 피부가 되는 나병은 외적으로 사람들과 관계를 단절하게 한다. 내적으로 하느님과의 관계도 소원하게 만든다.

인간관계에서 사랑은 응답을 찾는다. 사랑받지 않으면 더 위대한 사랑을 발하지 못한다. 선은 이기주의가 아니라 선으로 다른 자를 밀어내는 것이 이기주의다. 그러므로 자신의 사랑은 이기주의가 아니라 정직한 사랑이어야 한다. 하느님을 거부하는 것은 그리스도의 용서를 거부하는 것이다. 원수를 사랑하는 것은 친구가 될 수 있기 때문이다. 하지만 악마에 대한 사랑은 친구가 될 수 없다. 응답 없는 사랑이 비극이다.

에이브러햄 링컨은 대통령에 출마하기까지 많은 시련과 비난, 적이 있었다. 특히 상대 당 출마자의 스텝 스탠턴이라는 사람의 다음과 같은 노골적인 독설을 피할 수 없었다. "링컨은 교활한 어릿광대, 오리지널 고릴라다. 이 동물을 구경하려면 아프리카로 가지 말고, 일리노이 주 스텐필드로 가라. 거기서 에이브러햄 링컨이라는 고릴라를 만날 것이다." 그런데 링컨은 대통령에 당선되어 그러한 독설가를 국방장관에 임명하며 이렇게 말했다. "그 자리는 그 사람이 맡아야 합니다. 사명감이 투철하고 충분한 자질이 있는 사람이거든요."

사람은 감정과 욕구를 지니고 있기 때문에 자신의 부족함을 받아들여야 한다. 그렇지 않고 그 결핍을 채우기 위해 자신이 원하고 잘하는 것만을 하면 자신의 감정과 욕구마저도 속이고 마는 것이 된다. 그런 사람들은 자기 내면의 결핍과 고통을 생략하거나 건너뛰고, 즉시 자신의 참된 영혼에 도달하고 싶어 한다. 참으로 행복한 충만과 참된 영혼에 이르기 위해 자신의 욕구가 채워져야 한다는 생각을 내려놓아야 한다.

사랑의 반대는 미움이 아니라 무관심이라는 것을 익히 잘 알고 있는 링컨은 스탠턴의 독설과 그에 대한 감정을 바라보지 않고 그가 잘할 수 있는 실력을 보아 그를 받아들이는 넉넉한 마음을 가졌던 것이다. 훗날 링컨이 암살당했을 때, 가장 슬퍼한 사람이 바로 스탠턴이었다.

사랑, 사람을 살리는 특별한 힘

그리스도교 완덕이란 사랑하는 것 안에 있다. 사랑은 성령의 선물인데, 완덕을 살아가는 것은 성령의 선물을 받아 사랑하는 삶이다. 그러면 어떻게 성령을 체험할 수 있을까?

누군가 인간적인 힘을 이겨내는 무엇인가를 해냈다면 그 사람 안에 특별한 힘 곧 하느님의 힘이 움직이는 것을 직관한다. "친구들을 위하여 목숨을 내놓는 것보다 더 큰 사랑은 없다."(요한 15,12)라는 말씀처럼 우리 선조 순교자들이 나라와 신앙을 위해 죽음의 뛰어넘음을 알아차리는 그런 힘일 것이다.

사랑과 우정 사이에 무슨 차이가 있을까? 사랑은 모든 이를 향한 보편적인 그리스도인들의 태도이자 박애(博愛)의 자세이다. 우정은 보다 친밀한 사람들 사이에서 서로에게 활력을 주는 사랑을 실현하는 크고 힘이 있는 사랑이다.

우정은 빈번한 접촉, 보다 친밀한 관계를 이루는 사랑이다. 그런 친구들은 만나는 장소가 따로 있다. 영화관, 음식점, 놀이터, 게임장, 혹시 도서관? ……. 그러나 하느님은 어디서든지 만날 수 있다. 우리가 도달해야 하는 일치의 모습은 세 번째 우정이다. 곧 덕을 기초로

한 사랑(caritas)만이 서로 하나가 되게 한다. 일치는 이렇게 완전한 사랑과 자유로운 사랑에서 태어난다. "내가 너희에게 명령하는 것을 실천하면 너희는 나의 친구가 된다"(요한 15,14).

"우리가 하나인 것처럼 그들도 하나가 되게 하려는 것입니다. 저는 그들 안에 있고 아버지께서는 제 안에 계십니다. 이는 그들이 완전히 하나가 되게 하려는 것입니다. 그리고 아버지께서 저를 보내시고 사랑하셨듯이 그들도 사랑하셨다는 것을 세상이 알게 하려는 것입니다"(요한 17,23).

1967년 7월 17일 미국 플로리다주 찌는 듯한 살인 더위로 에어컨 사용량이 급증해 순간 전력이 치솟아 전기 시스템에 과부하가 걸리며, 잭슨빌시 전역이 정전되는 사태가 일어났다. 전신주에 올라가 한창 수리하던 전기공사 직원 랜덜 챔피온과 동료 톰슨에게 일어난 기적을 사진으로 담아낸 잭슨빌 저널 기자 로코 모라비또. 그는 철도파업 취재 차 이동하던 중에 이 광경을 본 것이다. 순간 4,160볼트의 전기에 감전된 랜덜 챔피온, 모라비토 기자가 카메라를 들었을 때 챔피언은 이미 정신을 잃고 안전벨트에 매달린 채 축 늘어져 있었다. 구급차를 불렀지만, 고압 전류에 감전되어 더 이상 희망은 없어 보였다. 그때, 그 옆 전신주에서 일하던 동료 톰슨이 챔피언에게 달려갔다. 그리고 의식을 잃은 그에게 인공호흡을 하기 시작했다.

모라비토 기자는 절망의 순간을 사진에 담으면서도 끊임없이 '그가 살게 해 달라'며 희망을 기도했다. 그때 톰슨이 소리쳤다. "그가 숨을 쉬어요." 이 사진으로 모라비토는 1968년 퓰리처상을 수상하였다. 인공호흡으로 이웃의 생명을 살린 기적은 바로 생명의 키스가 이루어낸 위대한 사랑의 기적이었다. "아버지께서 저를 사랑하신 그 사랑이 그들 안에 있고 저도 그들 안에 있게 하려는 것입니다"(요한 17,26).

"요한의 아들 시몬아, 너는 이들이 나를 사랑하는 것보다 더 나를 사랑하느냐?"(요한 21,15) 예수님과 베드로의 대화는 아름다운 복음 가운데 하나이다. 팔레스타인에는 이 복음 말씀을 기념하는 작은 경당이 있다. 그 경당 내부에 큰 돌 하나가 있고, 그 바위 한쪽에 예수님께서 앉아계셨다고 믿고 있다.

베드로에게 걱정이 되는 질문이 던져진다. 대답하기 곤란한 것이다. 누가 다른 이들보다 더 그리스도를 사랑할 수 있을까? 주님께서 베드로에게 "요한의 아들 시몬아, 너는 이들이 나를 사랑하는 것보다 더 나를 사랑하느냐?"라고 물으신다.

베드로의 대답은 그런데 겸손하였지만, 확신에 차 있었다. "예, 주님! 제가 주님을 사랑하는 줄을 주님께서 아십니다."

그리스 본문은 그리스도교 사랑을 이해하기 위해 중요한 용어를 사용하고 있다. 곧 '사랑'은 에로스가 아니라 아가페이다. 에로스는 나를 사랑하는 자를 원하는 사랑이라면 아가페는 다른 이에게 잘해 주는 원의의 사랑이다. 베드로는 이 대화에서 결정적으로 성소(聖召)를 받았다.

"예수님께서 세 번째로 베드로에게 물으셨다. '요한의 아들 시몬아, 너는 나를 사랑하느냐?'"(요한 21,17) 복음은 세 번이나 한 질문이 베드로를 슬프게 하고, 이는 베드로가 수난하시는 그날 밤에 그리스도를 세 번이나 거절한 암시로 해석하고 있듯이 표현하고 있다. 기쁨의 현존을 어둡게 하는 슬픔의 기억 내지 무언의 질책인 듯하다.

그러나 예수님은 가르침으로서만 과거를 기억한다. 곧 하느님의 사랑은 과거의 죄들로부터 상대방을 어둡게 하지 않는다. 오히려 그들의 기억은 사랑을 키워 가는데 도움을 준다. 수덕 생활을 하는 자들이 지나간 죄들을 기억하도록 충고할 때는 이미 용서받은 것을 경감하지 않기 위해 충고를 하곤 하였다. 그것은 감사하는 마음을 위한 위로의 눈물들인데, 악은 하느님의 사랑에서 우리를 떼어 놓을 수 있다.

우리가 그리스도 안에 마음을 두지 않을지라도 그리스도께서는 계속 우리 안에 신뢰를 주시기 때문이다. 베드로는 교회의 수장이 되었다. 그 교회가 그리스도의 이름으로 죄를 용서한다. 티베리아 호수 물 위에서 그날 밤 같은 것을 경험한다는 것은 용서를 의미하고, 이러한 새로운 삶의 원의가 일어날 수 있다(요한 21,15-19)는 의미이다.

원수를 사랑하라

사랑은 두 가지가 있다. 소유하는 사랑, 선물하는 사랑. 우리가 적을 사랑할 수 없다면 적어도 그들을 피하지 않도록 노력할 필요가 있다. 특히 그리스도인은 그러해야 한다. 왜냐하면 우리의 사랑은 하느님 아버지의 사랑, 모두에서 선물을 주시는 사랑이기 때문이다.

구약성서에서 적은 사람과 나라 사이의 수많은 전쟁에서 나타난다. 그러나 신약성서에서 적은 사람이 아니다. 그러면 누구와 싸워야 하

는가? 사람이 아니라 악이다. 인간은 영성생활에서 원수를 사랑하여
야 한다. 그러나 늘 싸워야 하는 것은 악의, 생각의 형태로 늘 우리
삶에 들어오는 유혹, 자리 잡은 나쁜 습관 교만, 태만, 게으름 ……,
나쁜 생각들이다(마태 5,43-48).

　암브로시우스 성인께서는 하느님의 나라는 죄의 나라도 악마의 나
라도, 잘못의 나라가 아닌 덕과 자비와 사랑이 세상을 지배하는 나
라이라고 말씀하셨다. 긍정적으로 바라보는 사람이 바리사이의 생각
과 반대해서 말하길 "사랑은 계명보다 더 가치가 있습니다." 이웃 사
랑은 하느님 사랑에서 떨어질 수 없다. 하느님께서 이웃을 사랑하듯
이 우리가 이웃을 사랑한다면 사랑은 모든 계명보다 더 가치가 있다.
세상의 눈이 아니라 하느님의 눈으로 보아야 그 사랑이 보일 것이다
(마태 12,1-8).

　완덕이란 무엇인가? 사랑이다. 위대한 사랑은 큰 거룩함을 이룬다.
그러나 큰 사랑은 반드시 큰 행동으로 표현되는 것은 아니다. 오히려
작은 제스처로 큰 애정을 표현할 수 있다. 집 안에서 아기의 밝은 미
소는 작지만 집 안 전체에 활력을 품어 낸다. 이런 관점에서 소화 데
레사는 전 생애 동안 작은 자로 남아 있기를 원하였다. 하느님의 작
은 딸은 일상의 작은 행동 속에서 그리스도와 이웃을 위해 큰 사랑
을 표현한다.

　주님은 "너희는 원수를 사랑하여라."라고 말씀하신다. 모든 국가는
적에게서 승리하고 자유를 빼앗은 자의 경계로부터 벗어난 기억과 백
성의 독립을 기념하고 축제를 벌인다. 현대어에서 적이란 말은 매우

강한 뜻을 지니고 있다. 악을 참으로 행하는 자에게 해당된다. 성경에서 원수의 표현은 그보다는 약한 데, 선을 원치 않는 누군가를 의미한다. 시편 작가는 "셀 수조차 없는 불행들이 저를 둘러쌌습니다. 제 죄악들이 저를 사로잡아 더 이상 볼 수도 없습니다. 제 머리카락보다도 많아 저는 용기를 잃었습니다."(시편 40,13)라며, 자신의 머리카락보다 더 많은 원수들이 있다고 고백한다. 복음이 말하고 있는 것과 반대로 우리는 우리 적들을 사랑하지 않는다.

한 유명한 연예인이 제2차 세계 대전 참전 용사들을 위한 쇼에 출연 요청을 받았지만 너무 바쁜 스케줄로 단 몇 분밖에 출연할 수 없다는 조건으로 쇼에 나섰다. 짤막한 원맨쇼를 끝내고 무대에서 내려올 듯 했지만 박수 소리가 점점 커지고 10분, 20분, 무려 30분 계속 쇼를 진행해 나갔다. 결국 40여 분이 지나 그 연예인은 마지막 인사를 하고 무대에서 내려왔다.

기획자가 그에게 몇 분간만 무대에 설 줄 알았는데 어찌된 일이냐고 물었다. 그는 대답했다. "나도 그럴 계획이었지만, 내가 계속 쇼를 진행한 데는 이유가 있었소. 저기 무대 맨 앞줄에 앉은 두 사람 때문이오." 커튼 사이로 그가 가리키는 곳을 보자 무대 맨 앞에는 전쟁에서 팔을 한 쪽씩 잃은 두 명이 나란히 앉아 서로 한 쪽 팔을 부딪쳐 열심히 박수를 치고 있었다. 그것도 아주 즐겁고 행복한 표정으로 말이다.

그들은 서로 하나의 손뼉을 마주치면서 모두를 진심으로 사랑하는 아가페 사랑, 용서를 박수치고 있는 듯 했다. 자신의 한 쪽 팔을 날린 적군도 전쟁을 일으킨 전범도, 장애인에 대한 뭇사람의 따가운 시선도 모두 용서라는 아가페 사랑을 실천한 참된 행복의 소유자들로 보였다. 이것이 한 연예인을 감동시켰고 쇼를 40분이상이나 연장하게 했던 힘이었다. 우리는 하느님 사랑 아가페 곧 용서의 힘을 믿어야 한다.

사랑의 근원과 인간의 정체성

그리스인은 시각, 눈이 매우 중요하다. 눈이 있는 곳에 마음이 있다. 그들에게는 보는 것이 매우 중요하다. 하지만 유대인은 보는 것보다는 듣는 것이 중요하다. 이렇게 보는 것과 듣는 것이 인식에서 중요한 요소이다. 신앙인은 하느님의 얼굴을 찾고, 그 얼굴을 뵙고자하는 갈망이 있는데, 우리는 그것을 예수 그리스도를 통해서 가능하게 되었다. 그리스도의 육체성은 거룩한 시선의 촉각을 통해서 인간 육체의 내면을 건드린다.

하느님께서 바라신 유일한 피조물 인간은 자기 자신을 아낌없이 내어 주지 않으면, 자신을 완전하게 발견할 수 없다.[3] 하느님으로부터 몸을 받았다는 것은 한 인격으로 존재한다는 것인데, 여기서 인간 존재의 근원이 바로 사랑인 것이다.

자신을 온전히 발견하는 것은 나의 최종 목적이기도 하다. 그러므로 그 목적인 그리스도 안에서 '내가 누구인가?'를 찾을 수 있다(루카

---

3) 사목헌장 24항.

17,33). 곧 '나는 나다'라고 말씀하시는 예수 그리스도를 만날 수 있을 때만 내가 누구이고? 내가 누구라고 대답할 수 있다. 내 정체성의 질문에 세 가지 답이 있다. 첫째, 태초의 사랑인 자녀로서의 존재. 둘째, 신랑, 신부로서의 존재, 셋째, 최종적인 사랑인 부모로서의 존재이다. 나는 사랑을 통해 자녀, 부부, 부모로 존재하는 자신을 발견한다.

성탄절이 싫다는 사람이 있었다. 교도소에서 수감 생활을 하는 사람인데, 그는 자신의 어머니는 창녀이고 아버지는 누구인지 모른다. 그는 자신의 내밀함에 대해 의문을 가지고 있으면서 생일을 싫어하였다. 남들은 모두 아버지가 있는데 자신만 없냐고 묻는다.

이와 같이 사람은 자신의 기원 곧 사랑의 근원에 대해 소중한 기억을 간직하고 싶어 한다. 하지만 성경에서 아담은 어린 아기인적이 없다. 곧 아담에게는 사랑의 표지인 배꼽이 없다. 하지만 예수 그리스도는 아기로 태어났다. 마리아의 눈물 없이 그리스도는 사람으로 존재하지 못하였다. 하지만 아담은 자신의 근원을 알지 못한다. 하느님으로부터 온 근원을 잘 알지 못한다. 아담은 자기 자신을 위해 존재하는 그런 인간으로 자신의 근원을 모르는 듯하다.

자녀는 선물이다. 느낌으로서가 아니라 사랑으로서 선물이다. 마리아가 고백한 "저는 주님의 종입니다. 말씀하신대로 저에게 이루어지기를 바랍니다."(루카 1,38)에서 특별히 "이루어지기를 바랍니다."(라틴말 Fiat)는 우리 각자를 위해 하느님의 선물인 예수 그리스도를 통해 받아 주시라는 영적 응답이다. 많이 아는 게 중요하지 않고, 주님의 뜻, 곧 사랑을 잘 전달하는 것이 중요하다.

그리스도는 인간의 사랑을 살았다. 슬픔도 겪으셨다. 슬픔에는 감각적 인식과 영적 인식이 있다. 감각적 인식은 느낌과 분리되지 않는다. 오히려 접촉하면서 감각과 타인에 대한 이해는 나와 다름을 보게 한다. 객관적인 인식이다. 하느님은 감정이 아니라 감정 이상의 가치로 우리가 대상을 잘 알도록 인도한다. 곧 하느님처럼, 상대방 그 자체 때문에 사랑하고, 나 때문에 사랑한다. 단지 감정 때문에 사랑하는 것이 아니다. 사랑은 인식이다. 잘 볼 수 있을 때까지 깨닫고 거듭 인식하는 게 중요하다. 그러므로 사랑할 때 잘 안다. 우리는 존재의 심오한 부분까지 내려가 마음을 읽을 용기를 가져야 한다.

사랑이 서로의 정체성을 찾게 해 준다. 성경은 시작부터 홀로 있는 인간이 불완전한 존재이며, 아담의 신원이 바로 결핍된 존재라는 것을 전한다. 인간은 자동적으로 자신을 인식하는 것이 아니라 사랑으로 깨어났을 때 인간 존재로 나타난다.

창세기 1장은 하느님의 시선으로 사람을 바라본다. 가장 마지막에 인간을 창조하시고 하느님의 시선은 '좋다'로 글을 맺는다. 창세기 2장은 인간을 먼저 창조를 하지만 혼자 있는 것이 '좋지 않다'는 말로 시작한다. 사랑이 우리에게 새로운 세상을 증거 한다. 여자는 남자를, 남자는 여자의 이름을 불러준다. 인간의 정체성은 성(性)과 몸 없이 실현되는 것이 불가능하다. 남자와 여자는 하느님의 모상으로 창조되었는데, 이는 출산 능력 안에서 사람의 정체성 곧 하느님의 모상인 것이다.

하느님을 섬기지 않는 인간이 결국 사람을 섬기게 된다. 해방과 자유 개념은 계약이고 약속이다. 노예에서 백성으로 돌아오게 하는 자유이다. 자유인, 백성만이 하느님과 계약을 맺을 수 있다. 하느님은 인간 자유를 지키는 보호자이다. 하느님의 해방은 참된 자유로서 사랑에 응답하고 그 계약과 약속을 이행하는 것이다. 타인은 내 자유를 제한하는 존재가 아니라 자유에로 부르는 부르심이다. 자유가 바로 내가 여기 있는 이유다. 자유는 내가 있고 네가 거기 있는 이유다. 그러므로 나만 바라보지 말고 상대방 너를 바라보는 것이 사랑이다.

인간의 삶에서 새로운 언어는 바로 사랑이다. 이 사랑의 언어가 늘 새롭게 인간의 여정을 인도해 간다. 여정 안에서 사랑이 특별한 응답을 하게 한다. 첫째, 자녀로 존재한다. 이는 사랑 안에 있는 말씀인데, 우리가 그분의 자녀라는 것을 말한다. 둘째, 신랑신부로서 존재한다. 그 사랑 안에 하느님은 생명을 얻기 위해 주신다. 그리스도께서 십자가의 사랑으로 생명을 주셨다. 셋째, 아버지 어머니로서 존재한다. 이는 그에게 부모로서 하느님처럼 생명을 주기 위해 받는다. 이 세 가지 여정은 모든 사람이 살아가는 여정이다. 하느님의 사랑을 통해 계시된 여정이다.

포도, 사랑의 열매

"포도 철이 가까워지자 그는 자기 몫의 소출을 받아 오라고 소작인들에게 종들을 보냈다"(마태 21,31). 자기 몫의 소출은 무엇인가? 포도밭이니 소출은 포도이다. 어떤 열매가 하늘에서도 가치 있고 땅에서도 무엇이 그 소출의 열매를 줄 수 있나? 그것은 바로 '오직 사랑'이다.

하느님의 창조와 사람이 되신 육화(肉化)가 사람을 위한 크나큰 하느님 사랑의 행위 곧 구원이라면, 하느님께서는 인간으로부터 다른 어떤 것도 요구하지 않는다. 참된 사랑이 인간을 그저 받아들이고 열매 없고, 소출이 없어도 그 사람이 성장하도록 돕는다. 그럴 때 사람이 하느님 사랑의 은혜를 받아들이고 죄를 거절하며 결국 사랑으로 실천하는 선한 일을 한다.

유럽에서는 포도주라는 말 속에 사랑의 뜻이 들어 있다. 인간을 위해 하느님께서 은총을 주시고 그것을 받는 것은 포도밭을 경작하는 것과 같다. 왜냐하면 포도주를 생산하기 위해서는 노동과 땅의 열매가 필요하기 때문이다.

열매가 사랑이 아니라면, 노동과 수고는 소용이 없다. 하느님의 사랑에 의해 인도 받지 않으면 세상의 포도원에서 우리들의 노동은 공허하고 의미가 없게 된다. 이것이 성경의 핵심 메시지이다.

성 에프렘은 사랑이란 마음속에서 타오르는 불꽃이라면서, 그 불꽃 사랑이 그 사람을 모든 악에서 방어하고 구할 것이라고 말하였다. 모든 영성가들이 이구동성으로 일치하는 것은 악을 이겨내고 다른 선한 것들과 관련을 맺을 수 있는 덕이 사랑(caritas)이라고 한다. 오직 사랑은 모든 삶을 정당화하고 불가능을 가능하게 한다는 결론에 이르렀다.

"하느님께서는 세상을 너무나 사랑하신 나머지 외아들을 내주시어, 그를 믿는 사람은 누구나 멸망하지 않고 영원한 생명을 얻게 하셨다"(요한3,16). 하느님의 사랑은 자기 자신을 위한 사랑이 아니라, 없는 자에게 나누어 주시는 선물로서 사랑이다. 한마디로 하느님의 사랑은 내리사랑이다. 아버지 하느님께서 아들 예수 그리스도를 사랑하시고, 아들은 당신 제자들을 사랑하신다. 그러면 제자인 우리 신앙인은 누구를 사랑해야 하는가? 바로 서로 사랑해야 한다. 특히 이웃을 사랑해야 한다.

끌리는 사랑, 내어 주는 사랑

"너희는 내 사랑 안에 머물러라"(요한 15,9). 사랑의 형태에서 '소유하다'는 뜻의 에로스(Eros)는 사랑하는 사람을 취하는 모습으로 나타난다. 에로스 사랑은 끌리는 시선과 접촉에서 상호 관계의 모습을 취하고 있다. 사랑하기에 서로 바라보고, 만지며, 함께 있고 싶다. 특히 어머니의 자녀들에 대한 시선과 접촉, 남녀가 서로 같이 바라보며 음식을 먹고, 이야기 하고 싶은 사랑, 하느님께서 이스라엘 백성을 이렇게 에로스 차원의 사랑으로 볼을 부비고, 젖을 먹이며 돌보았다.

에로스 사랑이 힘을 잃지 않으려면 영적 차원이 필요하다. 안셀름 그린 신부는 말한다. "성생활은 사랑을 자라나게 하고 생기 있게 유지시켜 주는 중요한 원천이지만, 배우자와 관계에서 사랑은 또 다른 차원, 궁극적으로는 영적 차원을 끊임없이 지향한다. 상대를 조건 없이 받아들이고, 상대에 대한 신실함이 생길 때, 상대와 함께 어떤 질병이든 좌절이든 궁핍이든 모든 것을 기꺼이 함께할 각오가 된다. 그 순간 사랑은 진정 생기 있게 지속되고 성경이 말하는 아가페(Agape) 사랑에 아주 가깝게 있다."

아가페는 사랑의 보상을 기대하지 않는다. 조건이 없는 사랑, 주는 사랑, 희생이다. 하느님은 사랑이시다(1요한 4,16). "너희는 내 사랑 안에 머물러라"(요한 15,9). 우리는 이제 에로스와 아가페가 만나는 사랑, 에로스의 아가페 사랑을 말해야 한다. 하느님의 에로스, 하느님의 아가페 모두 하느님의 사랑이다. "너희도 내 계명을 지키면 내 사랑 안에 머무를 것이다"(요한 15,10). 계명은 하느님의 사랑에 도착하기 위한 지름길이나 규칙도 아니다. 계명은 하느님의 사랑을 이 땅에 살아가는 사람에게 인도하는 하느님의 사랑의 구체적인 실천이다. 성 바실리우스는 계명은 어두운 밤에 배가 항해를 하는데 인도해 주는 밤하늘의 별들이라고 했다. 계명 속에 들어가는 것이 바로 사랑이다.

"친구들을 위하여 목숨을 내놓는 것보다 더 큰 사랑은 없다."(요한 15,12)라는 그리스도교 완덕의 길은 사랑의 길이다. 성령의 선물, 사랑을 받아 사는 삶이 완덕이다. 그러면 어떻게 성령을 체험할 수 있을까? 누군가 인간의 힘으로 불가능한 무엇을 이겨 냈다면 그 사람 안에 특별한 힘 곧 하느님의 힘, 성령의 움직임을 직관할 수 있다. 그래서 사람은 늘 겸허하게 내 안에 머무는 영의 흐름과 움직임에 민감해야 한다. 항상 하느님의 성령이 우리 안에서 움직이지만 우리가 그 영에 무감각하고 그 흐름을 알아차리지 못한다. 마음과 영혼의 맑고 깨끗한 상태를 유지 할 때, 영적 감각은 살아난다.

이처럼 마음과 영혼의 맑고 깨끗한 상태의 토양은 바로 겸손에서 온다. 그러므로 겸손은 마음과 영혼이 영으로 움직이는 사랑을 알아차리는 하느님의 선물이다.

비밀을 이야기하고 경계를 지키는 사이

모든 사람이 비밀을 가지고 있지만 누구에게나 털어놓지는 않는다. 친한 친구에게 예외적으로 털어놓는다. 하느님도 비밀을 가지고 계시고 그것을 신비라고 부른다. "나는 너희를 친구라고 불렀다. 내가 내 아버지에게서 들은 것을 너희에게 모두 알려 주었기 때문이다"(요한 15,15). 하느님은 해석할 수 없는 신비의 비밀로 가득 차 있지만, 당신 삶에 참여하는 자들과 비밀을 공유한다. 그 비밀은 사랑이다. 이것이 신비이고 계시이다. 하느님의 비밀을 이해한 성인들은 그분과 우정 속에서 진리와 신비를 관상하면서 성장한다(요한 15,12-17).

그 비밀은 이웃을 자기 자신처럼 사랑하는 것이고 그것은 모든 번제물과 희생 제물보다 낫다고 한다. 사랑은 희생 없이 불가능하다. 오히려 이 희생이 참 사랑의 가치를 부여하고 있다. 이것이 구약의 제사와 예배의 실천적 핵심이다.

모든 예식에서 내적인 만족이 바로 사랑이어야 한다. 그렇지 않은 전례 행위는 영혼 없는 몸이 된다. 매우 힘든 수행 곧 기둥위에서 살고, 동굴 안에서 살아가며, 극도의 단식을 한다고 해도, 모든 수덕 삶의 형태는 사랑에서 영감 되어야 한다(마르 12, 28-34).

우리나라 전통 민간신앙에서 가정에 모셔진 신들 대부분은 '할머니'라 불리는 여신들이다. 조상단지를 조상 할매라고 하고 조왕님을 조왕 할매라고 한다. 어린이가 출생할 때 산모 역할을 하는 삼신도 할머니라 하고 음력 2월 초하루에 왔다가 보름에 가는 바람신도 영동

할머니라 한다. 이처럼 우리나라 대부분의 조상신들은 할머니로 표현된다. 왜냐하면 신은 최소한 할머니와 같은 자비심 곧 무조건적 내리사랑이 있어야 한다는 뜻일 것이다.

실제로 가정에서 어머니는 자녀를 낳고, 양육의 직접적인 책임이 있다. 그래서 자녀가 잘못을 하면 야단도 치고 잔소리를 달고 살면서 때로는 책벌을 가하기도 한다. 하지만 할머니는 손자나 손녀에 대하여 경계가 없는 무조건적인 사랑을 보인다. 나도 어려서 방학 때 외할머니 집에 가면, 할머니께서 '우리 강아지' 하면서 마당으로 뛰어나오신 기억이 생생하다. 말하자면 우리나라 신은 할머니처럼 이유 없이 절대 자비하다는 것을 의미한다.

친구 관계, 부부 관계, 가정생활, 직장 생활에서도 다가가기와 거리 두기의 적절한 균형, 건강한 경계 설정이 서로 존중감을 불러일으킬 수 있다. 상대와 경계를 설정하는 것을 두려워하는 사람이 많다. 상대가 자신을 더 이상 사랑하지 않으면 어쩌나, 그가 마음에 상처를 입지는 않을까 불안해 한다. 그러나 상대의 반응만 걱정하다 보면 정작 자신에게 필요한 것은 못 보게 된다. 그들은 자신의 경계를 잃어버리고, 결국 자신도 자신감도 잃어버린다.

모든 더불어 살아가는 공동체의 생활이 되려면 경계가 필요하다. 사랑은 경계를 없애지 않고 분명히 하되 확장한다. 모든 것을 함께해야 하고, 자기 방식대로 해야 한다고 생각하는 커플이나 부부 그리고 동료들이 꽤 많다. 서로 대화를 나누어 경계가 분명해 질 필요가 있다. 예를 들어 음식 문제, 취미 생활, 여행, 육아 등 서로 간의 차이를 인정하고 대화를 통해서 협상을 해야 한다.

평일 내내 혼자되신 어머니를 간병하던 며느리가 일요일 오후에 외출을 할 수 있도록 해 달라고 했다. 그런데 부부가 서로 대화를 나누자 분명해졌다. 이런 경계 설정은 모두에게 이로웠다. 어머니는 자신의 아들과 함께 보내는 시간이 좋았고, 그녀는 마음 편히 자기만의 시간을 가져서 좋았다. 경계를 정하고 지키는 것은 온 가족에게 이로움이 되었다.

진리를 사랑한 사람

19세기 러시아 남성의 평균 수명이 마흔이 조금 넘던 시절에 톨스토이는 평균보다 두 배 가까이 살았다. 그는 단지 병원에 누워서 지낸 연명 수명이 아니라 삶을 활발하게 사는 건강 수명으로 팔십을 훌쩍 넘긴 것이다. 다시 말해서 톨스토이는 나이가 들면서도 젊은 시절의 총명함과 체력을 유지했을 뿐만 아니라 그의 뇌는 전혀 노화의 징후를 보이지 않았다고 한다. 그것은 아마도 끊임없이 새로운 배움에 도전한 덕분일 것이다.

도이지의 의견에 따르면 계속해서 주의를 기울이기에 충분한 보상이 주어진다면, 사람은 젊은 때나 늙은 때나 동일한 정도로 뇌의 변화를 이룩할 수 있다. 새로운 것은 가소성과 도파민 조절 체계가 쇠퇴하지 않도록 지켜 준다고 한다. 톨스토이의 경우 충분한 보상이란 조금 더 나은 세상, 조금 더 도덕적인 세상에 기여하고 있다는 자부심이었을 것이다.

러시아의 대 문호 톨스토이와 도스토예프스키의 문학을 상징적인 비유로 표현한다면, 톨스토이는 그 시대의 계몽주의 선각자로서 문학과 종교 그리고 교육과 정치 사회 안에서 '위대한 산'으로 말하고 있다. 그런데 러시아 문학에서 도스토예프스키는 톨스토이를 상징하는 그 위대한 산을 넘어서 가면 크고 길게 보이는 '산맥'이라고 말하고 있다. 톨스토이는 그의 삶이 매사에 생동감 있고 진취적이었으며, 진리의 전도사로서 글과 설교 그리고 교육과 사업을 통해 끝없는 변신을 이루어 간 한마디로 사랑의 정신을 실천하는 활동가였다.

톨스토이는 인생의 단계마다 새로운 분야에 뛰어들었다. 특히 소설가에서 설교가로 변신하였다. 그는 세상의 온갖 종교 서적과 교훈서를 탐독하였다. 외국어를 배우는 데에도 푹 빠져버렸다. 영어와 프랑스어와 독일어를 자유자재로 구사했지만 약간의 라틴어와 터키어까지 알고 있었다. 그러니 톨스토이의 뇌는 도무지 늙을 겨를조차 없었을 것이다. 그는 호메로스의 시를 원문으로 읽기 위해 고대 그리스어를 배웠는데 놀라운 집중력을 발휘하여 그 어려운 언어를 원서 독해가 가능할 정도로 배웠다. 그의 나이 45세였다. 그는 자면서도 그리스어를 중얼거릴 정도로 그리스어 공부를 하였고, 아테네에서 살고 있는 꿈을 꾸기까지 했다. 그는 석 달 만에 헤로도토스와 호메로스를 읽을 정도의 그리스어 실력을 갖추게 되었다.

이렇게 톨스토이는 새로운 것을 배우고 익히려는 열망이 그의 인생 마지막까지 계속되었다. 그는 부인과 불화로 83세 때 가출을 단행하였다. 그가 가출을 한 것은 다른 심오한 의미가 있었는데, 노년의 나이에 또 다른 삶을, 더 나은 삶을, 영적으로 일보 전진한 삶을 꿈꾼 것이었다. 그가 가출하던 그해에도 여러 편의 단편과 논문을 썼기 때문에 그렇게 생각할 수 있다. 톨스토이의 도덕적인 삶에 대한 열망은 식을 줄을 몰랐다. 노환으로 아스타보라는 시골의 작은 간이역에서 마지막 숨을 거두었지만 그는 임종의 순간까지 명료한 의식을 유지했다. 톨스토이가 공식적으로 남긴 마지막 말은 "나는 진리를 사랑한다."였다.[4]

---

4) 참조: 석영중, 뇌를 훔친 소설가, 예담, 2011, 242-244.

제3부
────

사랑은
온유입니다

제3부
—

사랑은
온유입니다

행복하여라, 온유한 사람들!(마태 5,5)

프란치스코 교황은 2014년 8월 14일 역사적인 한국 방문 첫 연설에서 우리에게 "친애하는 벗들이여!" 인사하며 따뜻한 친구처럼 다가 오셨다.

"고요한 아침의 나라 한국에 오게 되어 매우 기쁩니다."

"한국의 국민들과 그 풍요로운 역사와 문화의 아름다움을 접하게 되어서 기쁩니다."

'기쁨'을 나누는 진정한 친구로서 따뜻하게 인사하는 교황 프란치스코의 미소는 부드러운 마음과 따뜻한 영혼에서 나오는 사랑이다.

그분의 따뜻함과 온유함의 뿌리는 마음을 다 하고 영혼이 담긴 사랑이라고 부르고 싶다.

미소는 건강과 행복에 유익하다는 연구 결과는 이미 고전이 되었다. 졸업생들의 성공과 행복을 측정해 보았더니 졸업 사진에서 웃는 학생들이 결혼 생활을 오래 지속했고, 건강과 행복 지수, 어려운 이웃을 위한 봉사에서도 높은 순위에 올랐단다. 미소는 인간관계뿐 아니라 기도 생활 그리고 사업 확장에서도 도움이 된다고 말한다. 미소는 사람을 따뜻하게 하고 상대를 편하고 부드럽게 대하기 때문이다. 이 모든 것이 온유한 사랑을 전하는 것이다. 미소는 온 종일 자신과 자신을 만나는 사람들을 풍요롭게 한다.

그러므로 미소는 삶을 따뜻하게 하기에 먼저 자신의 영역, 곧 가정, 직장, 동료들 사이 등 가까운 사람들 사이에서 미소를 지어야 한다. 하지만 우리 사회는 자기 영역보다는 다른 지역에서 미소를 짓는 경우가 많은 듯하다.

사람이 온유하다는 것은 성질이 온화하고 부드럽다는 것을 말한다. 단순히 한 개인의 기질적인 문제를 넘어 어떤 새로운 가치를 표현하는 온유는 무엇일까?

베네딕토 16세 교황은 온유한 사람들을 구약과 연관하여 말한다. "가난한 이들은 땅을 차지하고 큰 평화로 즐거움을 누리리라"(시편 37,11). 온유한 사람은 히브리어 아나빔(anawim)에서 왔고 하느님의 가난한 사람을 가리킨다. 베네딕토 16세 교황은 "행복하여라, 온유한 사람들"(마태 5,6)과 "행복하여라, 마음이 가난한 사람들"(마태 5,3)이 서로 겹친다고 본다. 하지만 하느님을 바탕으로 하여, 하느님을 바라보고 사는 가난이 중심 개념이다.

온유한 마음의 사람들

내가 알고 지내던 옛 친구들은 인생에서 일들이 잘 풀리지 않을 때, "하늘도 무심하시지"라며 탄식을 하다가, "하늘이 무너져도 솟아날 구멍이 있다!"라는 희망의 비명을 지르곤 하였다. 일종의 한풀이와 희망 갖기를 하는 순간의 언어들이다. 어느 수도원 수사는 일이 어긋날 때면, "된장"이라고 투덜댔다. 수도자로서 "젠장"이라는 말을 쓰고 싶지 않았던 것이다. 어떤 신부는 가끔 "쌘 프란치스코", "씨벨리우스" 하며 발음을 강하게 한다. 일이 잘 풀리지도 않고, 그렇다고 화나 소위 육두문자를 써 가며 스트레스를 풀 수 없어 질러대는 욕 같지 않은 그런 느낌만 낸다. 온유한 사람들의 애교 있는 표현 방법인 듯하다.

"주님은 너그러우시고 자비하신 분, 분노에 더디시고 자애가 크신 분, 주님은 모두에게 좋으신 분, 그 자비 당신의 모든 조물 위에 미치네"(시편 145,8-9).

하느님은 모든 이에게 온유한 사랑의 행동을 아끼지 않으신다. 특히 가난한 자에게 특별하다. 그러므로 가난한 자는 어려운 가운데 하느님께 희망을 두는 사람이다. 그는 해치지 않고 지배하지 않으며 탐욕을 품지 않고 시기가 없는 따뜻한 사람이다. 그런 사람이 가난하고 겸손에 가까운 따뜻하고 부드러운 마음, 영혼이 담긴 사랑이 많은 사람이다. '온유하다'는 의미는 가난과 겸손으로 확장된다.

오래전 여성 연극인이 "나도 알고 보면 부드러운 여자예요."라고 했던 방송 광고가 기억난다. 부드러움은 단지 약하다는 것이 아니라 유연하다는 뜻을 말한다. 태풍이 만든 거대한 파도가 멈추는 곳도 강한 구조물의 방파제가 아니라 약하지만 모든 것을 받아들여 스며드는 모래 백사장이다.

"행복하여라. 온유한 사람들! 그들은 땅을 차지할 것이다"(마태 5,5).

온유함은 나약함이 아니다. 예수님은 고통 앞에서 따뜻하고 유연하지만 불의를 단죄하실 때는 두려움을 모르고 책임지는 용기와 함께 뒤로 물러나고 불평과 비판 그리고 걱정과 근심에 사로잡히는 나약함을 이겨낸다. 예수님은 악마에게까지 온유하였고, 당신을 없애려던 바리사이에게도 온유하였다. 유다가 당신을 배반하려는 것을 아셨을 때도 놀라운 온유함을 보여 주었다. "나는 마음이 온유하고 겸손하니 나에게 배워라"(마태 11,29). 예수님의 온유함에 기대면 우리는 그분처럼 온유해지는 능력을 선물 받는다.

온유한 사람들은 겸손하고 감사해 한다. 모든 이를 부드럽고 너그러이 맞이하는 환대의 은총을 지닌다. 그 온유함으로 모든 사람이 소속감을 느낄 수 있는 사랑의 공동체를 만들어 갈 수 있다. 온유는 예수님이 보여 준 모범에로 인도하여 자신을 따르라고 말하는 초대이다. 온유한 사람들은 그리스도를 따르는 가난을 통해 하느님의 뜻이 이루어지도록 한다.

온유하다는 의미는 여성다운 가치를 드러낸다. 구약은 남성의 가치가 맥을 이루는 듯하고, 신약 특히 복음은 여성다운 가치가 많이 드러나고 있다. 마음이 가난한 사람, 슬픈 사람, 온유한 사람, 자비로운 사람, 마음이 깨끗한 사람, 평화를 이루는 사람 등 부드럽고 따뜻한 가치들은 여성에게 더 가까운 것이 분명하다. 온유한 사람은 공격하지 않는다. 지배하거나 야망을 품지도 않는다. 오히려 영혼이 담긴 따뜻한 사랑을 한다. 사랑의 표정은 여성적인 부드러움과 따뜻함이 우러나오는 것이라고 말할 수 있다.

오늘날 여러 분야에서 여성 전문가와 CEO가 많이 활동하고 있다. 여성들이 지니고 있는 마음이 따뜻하고 생각과 정신이 유연하기 때문이라고 여겨진다. 곧 여성 특유의 따스함과 부드러움이 장점이다. 여성 특유의 섬세함과 꼼꼼함도 한 몫을 단단히 하고 있다. 그리고 소통 능력을 잘 갖추며 많은 경험과 학습을 통해 문제해결 중심의 협상 능력이 가지고 있기 때문이다. 부드러운 마음을 지닌 자는 마음을 활짝 열고, 상대방의 비난에 공격하지 않으며 어떤 일이든 소통을 위해 노력한다.

새로운 가치로서 온유함은 예수께 배울 수 있는 마음의 행복과 영혼의 사랑이 짓는 표정이다.

"고생하며 무거운 짐을 진 너희는 모두 나에게 오너라. 내가 너희에게 안식을 주겠다. 나는 마음이 온유하고 겸손하니 내 멍에를 메고 나에게 배워라. 그러면 너희가 안식을 얻을 것이다. 정녕 내 멍에는 편하고 내 짐은 가볍다"(마태 11,28-29).

구약에서 하느님은 자비하신 분, 지극히 온유하신 분이다. 신약에서는 예수는 온유한 종의 모습이다. 주님은 권위의 유혹과 거리가 먼 본디 왕이지만, 종으로 산 자비로운 분이다.

그래서 예수의 제자는 권위에 대한 유혹의 시선을 직시할 줄 아는 사람이다. 곧 예수께 더 가까이 가는 마음이 온유함인데, 마음이 겸손하고 부드러운 것은 단순히 성품이 순하다는 것이 아니다. 갈등 앞에서 충돌을 피하고, 항상 문제를 피하는 것도 아니며, 무조건 부드럽게만 행동하는 것은 더욱 아니다. 진정 자유롭게 사는 것이다. 모든 이와 자연스럽게 사귀며, 의견을 강요하지 않고 야단하거나 밀어붙이지 않고 포근한 분위기를 만드는 사람이다. 자유를 존중하며, 강인하면서도 온유하다면 얼마나 좋겠는가?

"당신을 아는 이들에게 당신의 자애를, 마음 바른 이들에게 당신의 의로움을 늘 베푸소서"(시편 36,11).

온유한 사람들이 땅을 차지하는 세상이 되면 얼마나 좋을까? 땅을 살리려면 폭력을 피해야 한다. 비폭력만이 생명을 살릴 수 있다. 땅과 자연에 복종하자는 것이 아니라 땅과 자연의 이치에 맞게 사는 것이 필요하다. 자연에 겸손한 사람은 자연에도 온유하다. 소유를 줄이고 소비를 줄여야 한다. 땅을 위해 마음이 겸손하고 온유한 사람들이 필요하다. 그들이 마음으로 가난하고 마음이 깨끗하며 온유한 사람 그리고 평화를 이루는 자들이다. 이 모든 것은 여성다운 가치에 가깝다. 과연 남자에게는 실천하기 어려운 가치들일까? 실은 남자들은 공격하고 지배하며 야망을 가지고 있는 듯하다. 그런 점에서 우리 주변에 복음의 가치를 소유하는 여성들이 많은 것은 이상한 것이 아니다.

　모든 행동에는 물리적인 반응이 나타난다. 같은 대응을 하거나 반대 대응을 하기도 한다. 사회는 질서를 유지하고 방어하기 위한 법칙이 필요하다. 살인죄에 구형하고, 부패로 얻은 것을 압수하며, 전범을 법정에 세우는 것은 질서를 유지하기 위한 정의의 원칙들이다. 예수님은 구약에서 사회가 취해 온 자기 방어가 존재해 왔다고 긍정한다. 히브리 사회는 탈리오 법, "눈은 눈으로, 이는 이로"(마태 5,38)에 따라 사회가 조직되고 움직여 왔다.

　아무리 기술과학이 발달한 오늘날에도 원시적 악법을 폐기하도록 사회를 움직이기엔 역시 쉽지 않다. 악법도 법이라고 소크라테스가 말하고 세상을 떠났지만 오늘의 인간적인 법을 더 제공하고, 불법적인 것을 완화하며, 사형제 폐지 등으로 사회문제의 해법을 찾고자 하는 것도 현실적인 사실이다. 그러나 예수님이 주장하는 최고의 정의는 복음의 영과 정신을 취하고, 하느님의 큰 은총을 받는 것만으로 가능한 것이다.

예수님은 구약의 탈리오 법칙의 구조는 유지하되, 악이 아니라 선으로 곧 악에게 악이 아니라 선으로 대항하는 의미의 법칙을 말한다. 분명한 것은 악의 실체를 정확하게 알아차리고 직시해야 한다. 악을 선으로 갚으라는 의미는 단지 좋은 게 좋다는 것이 아니다.

예수님은 "누가 네 오른 뺨을 치거든, 다른 뺨마저 돌려 대어라."(마태 5,39)라고 말씀한다. 악에 저항하지 말라는 뜻일까? 오히려 결백하다는 것을 제시하는 뜻일 것이다. 실제로 떨어지는 물이 바위에 구멍을 내고, 흐르는 물이 막고 있는 둑을 계속해서 친다면 제방은 언젠가 무너질 것이다. 하지만 아무리 강한 바람의 큰 파도라 하더라도 모래 위에서 성난 모습이 그치는 법이다. 모래가 공격적인 물을 흡수하기 때문이다. 이같이 악이나 폭력은 부드럽고 달콤하며 온유한 자 앞에서 잠잠해 진다.

교부들은 겸손에 대해 묵상하였다. 폭풍이 불 때 벌판에서 너희가 가장 작고 약하다면, 그것은 당신을 망가뜨리지 않을 것이다. 하지만 우리가 크고 강하다면 폭풍은 우리를 뿌리 채 뽑아 버릴 것이다. 한 노인이 자기 인생에서 경험을 나눈다. 어떤 모양이든 공격을 멈추고, 분노하지 말며, 저항하지 말라. 그러면 나쁜 말이 입에서 나오지 않을 뿐더러 나쁜 행동도 일어나지 않을 것이다.

"보아라, 내가 선택한 종, 내가 사랑하는 이, 내 마음에 드는 이다. 내가 그에게 내 영을 주리니, 그는 민족들에게 올바름을 선포하리라. 그는 다투지도 않고 소리치지도 않으리니……, 그는 올바름을 승리로 이끌 때까지 부러진 갈대를 꺾지 않고 연기 나는 심지를 끄지 않으리니, 민족들이 그의 이름에 희망을 걸리라"(마태 12,18-21).

하느님의 종 예수 자신에 대한 이사야 예언서의 말씀을 통해 정의의 부드러움을 말하고 있다. 우리에게 어려운 것은 자비로운 정의를 실천하는 것이다. 다투지 않고 소리치지 않으며 정의를 실천하기란 어렵기 때문이다. 인도의 성자 간디, 미국의 마틴 루서 킹 목사처럼, 비폭력 무저항의 정의, 미움 없는 정의, 사람을 미워하지 않고 이루는 올바름으로 승리하기란 매우 어렵다. 편파적이고 불공정할 때 정의는 도달하지 않기 때문이다.

구원, 사랑의 연대

제2차 바티칸 공의회 이전 그리스도의 구원은 그리스도의 십자가 상의 죽음이 '대리적 보상론'이란 개념으로 언급하는 것이 일반화 되었다. 곧 그리스도께서 우리들을 대신해 고통을 당하시면서 우리의 구원을 위해 헌신하시어 성부께 알맞은 보상을 우리를 대신해서 드리셨다는 개념이다.

오늘날 신학적 고찰은 '대신함'이라는 범주가 만약에 적합한 방법으로 그리스도의 죽음이 우리의 구원을 위한 것이라는 것을 전제로 한다. 하지만 인간이 죄를 짓기 이전인 '그리스도 안에서' 이미 창조된 사실과 우리들은 '그분 안에서' 창조된 한 처음의 죄 없는 깨끗한 몸이기 때문에 그분은 우리를 위해서, 우리의 죄로 인해 고통당하시고 죽으실 수 있었기에 우리도 그 연대감 속에서 우리 죄는 사해지고 우리의 구원은 현실화 할 수 있는 것이다.

그리스도의 죽음은 죄인인 인류와의 최고의 연대감의 표현으로 설명할 수 있고, 그분은 '모든 것이 형제들과 같아지셔야만' 했고, '아브라함의 후손'들의 자유를 위해 죽음으로 향하셨다(히브리 2,16-17). 그러나 이 연대감은 어떤 것으로도 대신해지지 않는 것으로 오로지 죄인들이 스스로 통회를 해야만 비로소 그 연대감의 효과를 볼 수 있는 것이기 때문이다.

이미 이러한 개념은 성서적 관점에서 나타나는 야훼의 종의 희생은(이사야 53: 마르 10, 45: 디모 2,14 참조) 종의 백성과 관계를 맺는 심오한 연대를 바탕으로 '많은 이'를 위해 가치를 지닌 희생이다. 왜냐하면 그들과 연대하는 속에서 그분은 그들을 위해 행하실 수 있는 것이기 때문이다.

신약성서에서는 우리를 위한 그리스도의 연대감을 정확하게 강조하고 있는데 이를 위해 바오로 사도를 인용해 보자면, 예수께서는 모든 것의 머리로서 우리는 바로 거기에 연대적으로 관계를 가지고 있고, 그분의 한 부분으로 참여하고 있기 때문에, 그분은 우리의 구원을 위해 일하신다(골로 1,18). 그분은 우리를 대신하는 것이 아닌 우리와 연대감 속에서 행위하시고 정말로 "그는 우리가 앓을 병을 앓아 주었으며, 우리가 받을 고통을 겪어 주었구나."(이사 53,4)하는 말씀처럼 우리의 구원의 길이 열리는 것이다.

이것을 기초로 우리에게는 그리스도의 고통에 동참할 수 있는 길이 열리며, 그 고통이 갖는 구원의 가치에 동참할 수 있는 가능성을 보게 되는 이유는 우리와 연대감 속에 계시는 구원자는 우리를 구원하시기 위해 우리의 모든 고통과 죽음을 떠맡으셨다. 그래서 우리는 다른 사람들을 위한 그분의 고통과 죽음에 동참할 수가 있다. 부활과 함께, 부활 안에서 진정으로 인류의 역사는 변화 되었는데, 바로 우리 종의 신분의 원천인 죄를 이길 수 있게 되었고, 우리의 자유에 다시금 제 위치를 찾게 할 수 있었는데, 이유는 죄로부터 자유를 진정으로 현실화 할 수 있기 때문이다(2 코린 4,7-12).

그리스도 안에서 출발하는 연대감에서 인간들 간의 또 다른 연대감이 가능한데 사랑으로의 연대감, 다른 이를 위해 자기 목숨을 바칠 수 있는 연대감, 새롭게 태어나는 삶을 위해 헌신하는 연대감들이다(2코린 5,14-15). 이러한 관점에서 그리스도의 수난과 죽음 뒤에 인간의 고통도 달라졌다고 말할 수 있다. 곧, 그 고통은 이제 더 이상 의미 없는 고통이 아니며 대답 없는 무의미한 질문이 아닌 바로 부활 속에서 죄로 인한 인간의 그 드라마틱하고, 처참한 상황을 배제하지 않은 채, 그리스도의 십자가에 참여할 수 있게 되었고, 새로운 삶을 만들기 위한 도구가 되었으며, 생명을 위한 길이 되었다(골로 1,24; 2 코린 4,7-12).

따뜻하게 더 따뜻하게

근래 심리학 서적과 자기 계발서는 '미움 받을 용기를 내라' 하고, '심장을 뛰게 하는 목표를 세우라'라고 말한다. 심리학 자기 계발서들이 주되게 내놓은 가치는 지금 정신과 마음이 아프고 상처 난 원인을 과거에서 찾거나, 미래를 위해 이겨 내라고 말한다. 아픔들이 치유되려면 '자기 사랑'이라는 선물을 제공하고, 희망과 목표를 향해 '지금 미움을 받더라도' 미래를 향해 이겨낼 용기를 가져야 한다고 힘을 준다. 타인의 미움과 부정적 관심에 크게 신경을 쓰지 말라고 한다. 그보다는 나의 목적인 미래의 행복이 더 중요하기 때문이라고 말한다.

하지만 사람은 '지금 이곳'에서 의미 있는 것이 매우 중요하다. 기존의 심리 치유서들의 주장은 지금 몸과 마음 그리고 정신의 고통과 아픔의 뿌리가 과거에 있다는 원인론 그리고 미래의 목표를 위해 지금 상처와 미움을 받더라도 개의치 말고 앞에 있는 희망을 가지라는 목적론을 말한다.

오늘 많은 이의 정신과 마음이 아프다. 프로이드의 정신 분석은 정신과 마음이 아픈 원인을 과거에서 찾는 듯하다. 치유를 위해 원인론 (과거) 곧 어릴 때의 외상 경험이나 정신성 발달을 중요시했다.

한편 프로이드의 제자였다가 결별한 아들러는 사회나 환경의 영향에서 사람의 생물학적 열등감이 강한 성취동기를 만들었다고 주장한다. 그래서 받을 미움을 두려워하지 말고 용기를 내서 각자의 목표를 가지고 이겨 내라는 목적론적 치유를 말한다. 이들은 인생에서 타자를 떠나 온전히 자신의 원의(want)를 발견하는 것이 최유의 시작이라고 말한다. 결국 자기 자신을 온전히 바라보는 것이 중요한 것이다. 하지만 원인론, 목적론의 이론에 있는 문제는 '지금'과 '타자의 긍정성'이 존재하지 않는다. 곧 과거의 선물받은 기억나지 않는 사랑 그리고 현재의 깊은 성찰과 행복과 희망 그리고 믿음과 사랑, 용기에 대해서는 말하고 있지 않다.

사람은 누구든 지금 따뜻하게 더 따뜻하게 만나면 '온유한 사랑'의 선물이 발생한다. 사람은 지금 온유하게 누구를 만나는 것이 상처받은 과거의 원인과 미래에 희망을 두는 목적과 함께 매우 중요하다.

토끼와 거북이의 달리기 이야기에서 그들은 서로를 무한히 싸우는 경쟁자로 보기보다는 '따뜻한 심장을 지닌 소유자는 누구일까?'라는 시선으로 바라보는 것이 중요하다. 달리기에서 승리한 거북이는 성실한 마음으로 달렸고, 토끼의 심장은 따뜻하게 더 따뜻하게 상대를 바라보며 뛰었을 것이다.

우리 사회에서 심리학과 상담심리를 공부하는 열풍이 가히 폭발적이다. 그만큼 마음 다치고 영혼의 갈증을 꽤 느낀다는 증거다. 문제는 마음과 영혼을 치유하는 공부 내지 상담이 돈에 종속되어 있는 경향이다. 바실리우스 성인은 인간의 마음과 정신 그리고 몸의 치유에 대한 것은 돈과 무관해야 한다고 강조하였다. 하지만 우리 사회의 현실은 완전 반대다. 물론 무료 상담을 주장하는 것이 아니다. 한 명의 상담가로 태어나기까지 무수히 많은 교육 및 양성 시스템의 종속

경향을 공평하고 성숙한 자율적인 인격 관계로 거듭나야 한다,

예를 들어 슈퍼바이저와 슈퍼바이지의 종속관계가 선택과 자유를 바탕으로 인격적 평등 관계로 성숙해야 한다. 그럴 때 돈과 거리를 둔 성숙하고 따뜻한 전문 상담가가 태어나 상담의 미래가 밝아질 것이다.

느낌이 정말 중요해

마음은 사람과 사물을 전부 그리고 내면을 바라보며 이해한다. 이것이 바로 '마음의 느낌들'이다. 마음은 인간에 와 닿는 모든 것들을 느끼는 기능을 가진다. 마음은 늘 몸 외부와 내면의 영혼 상태 뿐 아니라 구체적인 활동을 통해 일어나는 다양한 인상들 그것이 영적이든 육적이든 그리고 우리를 둘러싸고 우리의 길을 가로지르는 모든 것, 한마디로 삶의 모든 과정 자체를 느낀다.

그런데 분명한 것은 이 모든 느낌들은 똑같은 가치를 지니지 않는다. 무엇보다도 경험심리학의 분류—정신, 의지, 감정—를 분별없이 받아들이지 말아야 한다. 단순하고 피상적인 묘사라도 '마음의 느낌들'은 통상적인 심리학적 개념보다 훨씬 더 폭넓은 도덕적, 신학적 의미를 갖고 있다. 하느님을 바라보는 관상에 있어서 '마음의 느낌들'이 지니는 순수함과 유용성은 맑은 마음의 순결함에 달려 있다.

그러니 마음에 집중함이 필요하다. 하지만 매우 중요한 한 가지가 있다. 하느님께 집중하기 위해 나 자신에게 집중해야 한다. 내가 지니는 마음의 본성적 욕망은 선, 의로움, 미, 그리고 하느님을 향한 인간

의 경향이다. 하지만 마음에서 울려오는 '이론적', '실천적', '심미적', '영적' 느낌들은 구분되어야 한다.

하느님의 은총으로 완전히 새로워져서 죄를 버리고 하느님께 돌아간 사람 안에는 영적인 세계와의 공감이 있다. 그것은 인간과 하느님 사이의 연대감 정도, 곧 얼마나 자주 고요한 시간을 갖느냐에 달렸다. 감지할 수 있는 공기가 우리의 외부적 감각으로 느껴지는 것보다도 더 분명하게 하느님의 성령과 우리 마음 사이의 친밀함이 느껴질 것이다. 끊임없이 우리 안에 당신 기억을 불어넣고, 우리 안에 더 오래 남아 계시는 성령이 함께 하기 때문이다.

죄는 인간 안에 있는 하느님의 닮은 모습을 흐리게 한다. 마음이 어두워 그 모습을 잘 볼 수 없다. 하느님을 바라보는 마음의 능력이 떨어진다. 인간이 완전하다는 뜻은 내 안에 현존하는 거룩한 모습이나 모든 사람 안에 하느님을 닮은 모습을 관상할 수 있는데, 죄란 다름 아닌 관상에 먹구름을 드리워 모호하게 만드는 어둠이라 볼 수 있겠다. 자유의지와 세상에 대한 지배권이라는 엄청난 선물과 비교해 볼 때, 죄는 노예살이와도 같다. 사랑은 한결같은 힘을 준다.

하지만 나약함과 불안정함은 죄로부터 온다. 아담의 불순종으로 죄 곧 하느님에게서 멀어져 혼란과 싸움 그리고 죽음이 세상과 우리에게 들어왔다. 혼란과 부조화는 특히 치유를 간구하는 고통 받는 마음에서 분명히 드러난다.

마음먹기에 달린 행복

나는 행복합니까? 마음이 가난한 사람은 따뜻하게 마음을 더 따뜻하게 살아가는 데 익숙한 행복한 인생을 가진 자이다. 마음이 가난한 사람은 따뜻한 마음과 행복을 사는 인생을 소유한 자이다. 우리는 어디에서 행복을 찾고 있나? 혹시 삶이 어려워 행복은 무슨 행복, 터무니없는 소리라고 하지 않을까? 그리스 사람에게 행복하냐고 물었다. 그는 그런 어리석은 질문이 어디 있냐고 하면서 날씨도 맑고 흐리고 그런데 어찌 행복한 날만 기대하느냐고 웃는다.

성경은 좋은 일과 궂은 일, 삶과 죽음, 가난과 부는 모두 하느님으로부터 온다고 전한다.

"좋은 일과 궂은 일, 삶과 죽음 가난과 부, 이 모두가 주님에게서 온다"(집회 11,14).

행복도 신에게서 온다. 그런데 다른 사람과 나 자신이 기대하는 행복이 어째서 다를까?

그리고 재물이 많으면 마음까지 행복할 거라고 많은 이가 생각할까? 그리스 철학자들은 말한다. 그들에게 있어서 물질세계란 마음을 산란하게 하는 근원일 뿐이라고 ……. 마음의 눈이 열려 있기 위해서는 육체의 눈은 닫혀 있어야 한다고 말한다.

신앙인들은 어떤 가능성을 배제해서는 안 되는데, 바로 하느님께 마음을 들어 올리면서도 사람들 사이에서 살고 그들과 교류하는 것이다. 수많은 인간적인 아이디어와 개인적인 욕망에 대해 열려 있으면서도 그것이 하느님의 뜻에 맞는지 늘 식별하는 것이다. 그런데 완벽한 스펙과 높은 연봉이 반드시 행복한 것일까?

돈을 좋아하고 인색하게 두는 것이 함께 만날 수 없을까? 돈을 좋아하는 데에는 세 가지 이유가 있다. 쾌락을 좋아함, 허영, 그리고 믿음과 자신감의 부족이다. 믿음의 부족은 다른 두 가지보다 더 나쁘다. 그런데 우리 사회는 돈이 모든 것을 가능하게 한다. 이것이 우리의 한계이다.

"너에게 부족한 것이 하나 있다. 가서 가진 것을 팔아 가난한 이들에게 주어라. 그러면 네가 하늘에서 보물을 차지하게 될 것이다. 그리고 와서 나를 따라라." 그러나 그는 이 말씀 때문에 울상이 되어 슬퍼하며 떠나갔다. 그가 많은 재물을 가지고 있었기 때문이다. 예수님께서 주위를 둘러보시며 제자들에게 말씀하셨다. "재물을 많이 가진 자들이 하느님 나라에 들어가기는 참으로 어렵다!" 제자들은 그분의 말씀에 놀랐다. 그러나 예수님께서는 그들에게 거듭 말씀하셨다. "얘들아, 하느님 나라에 들어가기는 참으로 어렵다! 부자가 하느님 나라에 들어가는 것보다 낙타가 바늘귀로 빠져나가는 것이 더 쉽다"(마르 10,21-25).

'인색의 악마'는 불안감을 불러일으킨다. 즉 자신감의 결여가 돈에 집착하게 한다는 얘기다. 이러한 악덕은 '우상 숭배' 수준이라고 본다.

은둔 생활을 하는, 또는 두세 명이 모여 독거 생활을 했던 수도자들은 특히 이 유혹에 빠질 위험이 컸으니, 다른 사람들에게 선을 행한다는 구실 아래 자선을 베풀고자 하는 마음을 떨쳐 버리기가 어려웠다. 실상은 '누군가 안에 돈과 애덕이 함께 존재한다는 것은 불가능'한데도 말이다.

"어떠한 종도 두 주인을 섬길 수 없다. 한쪽은 미워하고 다른 쪽은 사랑하며, 한쪽은 떠받들고 다른 쪽은 업신여기게 된다. 너희는 하느님과 재물을 함께 섬길 수 없다"(루카16,13).

하느님보다 재물을 섬기는 자들에게 던지는 질문들이다. 물질의 풍요가 행복을 보장하는가? 나를 행복하게 하는 것은 무엇인가? 물질적으로 성공한 사람이 행복한가? 부유함을 다시 생각해 보라! 역경 속에서도 행복한 마음을 찾아라! 사람이란 내재하는 모든 실체를 포착하는 통각을 지닌 심리적으로 의식할 수 있는 존재다. 그렇다면 내재하는 실체란 하느님의 성령까지도 포함하는 것인가?

은총을 의식적으로 체험하고자 하는 열망은 초기교회부터 낯설지 않은 화두였다. 어떤 영성가들은 성령의 활동을 더 이상 느끼지 못하게 되면 성령을 잃는 것과 같다고 말할 정도였다. 마치 임신한 여인이 뱃속에서 아이가 노는 것을 느끼듯이 우리는 우리 마음속에서 느끼는 기쁨, 행복, 환희를 통해 하느님의 성령이 우리 안에 계심을 느낀다.

내 인생의 주인은 누구인가? 마음살림 곧 마음의 다스림이란, 영으로 가난을 살아가는 길이다. 마음을 다스리는 것은 먼저 '생각의 내려놓음'이다. 죄에 동의하는 것을 피하는 것은 훌륭한 일이지만 완덕은 아니다. 그리스도인은 완덕, 마음의 평화, 고요함, 비난 받을 만한 욕망으로부터의 탈피를 지향해야 한다. 이와 같은 탈피는 '악한 생각의 제거'를 말한다.

그렇다면 우리는 애당초 '악한 제안들'을 피할 수 있을까? 오리게네스에 따르면 우리는 그로부터 완전히 자유로워질 수는 없다. 하느님께로 돌아선 영혼은 '생각의 갈등과 투쟁'을 경험하게 되어 있다. 그러므로 사랑의 문법 속 행복 실천으로 마음과 영혼은 그리스도인의 완덕에 이룰 수 있을 것이다.

행복(makarios)은 하늘의 복, 천복(天福)을 의미한다. 하늘의 복이 땅에서 이루어지는 것이다. 곧 하늘에서 내려오는 복, 강복(降福)이 행복의 뿌리다. 끝없는 하늘의 복이 땅과 사람들 사이에서 누리게 되는 것이다. 마음의 행복과 영혼의 사랑(마태 5,2-12 루카 6,20-26)에 대한 것이다. 사랑이 영혼에게 행복이 마음에게 가까이 간다.

행복하여라,
마음이 가난한 사람들!
슬퍼하는 사람들!
온유한 사람들!
의로움에 주리고 굶주린 사람들!
자비로운 사람들!
마음이 깨끗한 사람들!
평화를 이루는 사람들!

의로움 때문에 박해를 받는 사람들!

"너희는 내가 굶주렸을 때에 먹을 것을 주었고 ……. 나그네 되었을 때에 따뜻하게 맞이하였다"(마태 25,35). "여러분은 서로 너그럽고 따뜻하게 대해 주며 하느님께서 그리스도를 통해서 여러분을 용서하신 것처럼 서로 용서하십시오"(에페 4,32).

온유한 사람이 예수의 마음과 영혼을 소유한다. 그러니 영혼이 가난하고 마음이 따뜻하며 부드러운 사람이 참으로 행복하다. 예수는 행복 자체이고 사랑의 근원이다. 예수는 세상의 행복을 극적인 반전으로 돌린 마음의 행복과 영혼의 사랑, 천복(天福)을 소개하고 있다.

따뜻하고 환한 미소의 교황 프란치스코

『8월 15일은 날씨가 좋지 않았습니다. 교황은 헬리콥터를 타는 대신에 KTX 기차를 타게 되었습니다. 대전에 도착한 교황은 배웅을 나온 코레일 사장에게, 기차를 타게 한 날씨를 언급하며 이렇게 인사를 건넸습니다.

"사장님께서 비와 구름을 몰고 오셨군요!"

한번은 수녀들을 만나는 자리에서 "아! 여러분들은 하느님의 며느리들이시지요?" 하며, 좌중을 한바탕 웃음바다로 만들었습니다.

게다가 저에게도 교황은 위트가 넘치는 다정한 말로 깊은 인상을 남겨 주었습니다. 8월 15일 교황은 대전가톨릭대학교 방문을 마치고 제 방에서 잠깐 휴식을 취하게 되었습니다. 솔뫼 성지로 가기 위해 헬기에 오르기 직전이었습니다.

교황은 휴식을 취하고 제 방을 나서면서 저에게 이렇게 말을 건네며 환하게 웃었습니다.

"방 값을 어떻게 지불하면 좋겠어요?"

우리가 느끼는 교황의 위로와 자비는 이렇게 그분의 아름다운 미소와 환한 웃음을 동반한 다정한 말을 통해 전달되었습니다.」[5]

2014년 8월 15일 영광스럽게 프란치스코 교황께서 대전가톨릭대학교를 방문하셨고, 점심 오찬을 하신 다음 2시 45분부터 3시 53분까지 1시간 8분 동안 제 방에서 시에스타(휴식)를 하셨다. 그리고 신학교를 떠나시며 헬리콥터에 오르시기 직전, 교황께서 저에게 말씀하셨다.

"내가 네 방을 사용했으니, 방 값을 지불하시겠다."라며 "어떻게 하면 좋겠냐."라고 환하게 웃으셨다. 나도 반갑게 웃으면서

"교황님! 그 방 값은 제가 로마에 가면 갚아 달라."라고 했다. 그러곤 서로 웃음이 빵 터졌다.

교황은 항상 밝고 환하게 가까이 더 가까이 다가가 미소와 유머로 사람들의 마음을 열어주신다. 약자, 가난한 자에게 항상 감성의 언어와 따뜻한 언어로 치유와 사랑을 하시고 책임자, 힘 있는 자에게는 이성의 언어로 분명히 의로움을 말씀하시는 사랑과 섬김의 교황이다.

---

5) 졸저, 2014 KOREA 프란치스코 메시지, 5.

"교황님! 사랑합니다."

교황은 방한 기간 내내 밝은 미소와 기쁜 유머로 사람들에게 가까이 더 가까이 갔다. 모든 사람들은 마음을 열었다. 멀리서 환호하는 청중, 가까이에서 눈물 흘리는 사람들 참으로 그 내면에 참 기쁨이 그들을 울고 웃도록 움직였다. 그리고 기쁨이 그들의 아픔과 힘든 상처를 치유하였다. 가깝게 더 가깝게 우리 곁에 오신 마음의 행복을 나누시고 영혼의 사랑을 아낌없이 내주신 교황 프란치스코는 행복과 사랑의 달인이다.

제4부
—

사랑은
겸손입니다

제4부

사랑은
겸손입니다

행복하여라, 마음이 가난한 사람들!(마태 5,3)

오늘날 사회는 돈과 권력으로 출세를 향해 경쟁하는 나의 성공 시대가 되었다. 발전, 성공, 번영, 행복을 위해 경쟁하는 물질중심 사회가 된 것이다. 오르고 또 올라가야 하는 자들에게 내려가는 길은 이미 패배한 길이고, 가난하고 겸손의 가치는 어디서든지 찾아보기 어렵게 되었다. 하지만 성경은 오르고 또 오를 때 경쟁과 다툼, 질투가 생긴다고 기록한다. 구약의 바벨탑 이야기이다.

마음이 가난하다는 것은 우리가 가난하고 부족하다는 것을 마음으로 알고 받아들이는 것이다. 사실 우리는 알몸으로 세상에 태어나 빈손으로 떠난다. 모든 것은 선물로 잠시 빌린 것이다. 하지만 세상에서 우리는 자기의 것을 수도 없이 찾고 만들며 어떤 것은 꽤 집착한다. 술, 도박, 성, 운동, 뒷담화, 편견, 고집 등 물질적인 것에서 심리적이고, 정신적이며 심지어 영적인 것도 집착하고 어떤 경우는 극도로 이끌려 중독이 되기도 한다. 그 밖에도 거짓말, 불성실, 불평, 불만, 위선, 초조, 화, 공격, 시기, 질투, 자만, 교만, 이기심, 질병, 거부 등 심리적 정신적 영적인 집착으로부터 우리는 공격을 받고 있다.

마음이 가난한 사람들은 이러한 집착들을 솔직하게 인정하는 사람이다. 그런 다음 그것들을 내려놓고 그 집착의 껍데기들 속에 있는 가난한 마음이 우리를 치유하기 시작한다. 집착의 치료제는 마음의 가난 곧 겸손이다. 집착들을 인정하기 그리고 내 삶에서 내려놓기 그러면 예수님의 가난한 마음이 영을 통해 나를 치유해 주신다.

솔직해지고 인정하며 집착을 내려놓을 때 마음은 가난해지고 그때 하느님의 영이 움직여 우리의 모든 고통과 갈등, 그로 인한 상처들을 제자리로 돌려놓으신다. 마음이 가난한 사람들은 하느님의 영이 움직이는 사람들이다.

마음이 가난한 이들이 행복한 근거는 공관 복음에서 예수님의 메시지 핵심인 하느님 나라가 그들의 것이 된다는 약속 때문이다. 하느님의 나라는 구약 이스라엘의 역사에서 시작해 신약의 그리스도인들의 나라에서 실현되는 사랑으로 지배되는 나라이다. 하느님께서는 인간을 사랑하신다. 우리는 지고한 하느님의 사랑에서 벗어날 수 없다는 것이 예수께서 선포한 하느님 나라이다. 그 나라는 이미 시작된 사랑의 나라, 하지만 하느님이 사랑으로 인간들을 다스리러 오셨지만 아직 완성을 기다리는 나라다.

내려놓음 더 내려놓음

내려놓고 더 내려놓으면 넓어지는 가능성의 세상이 열린다. 예수님의 비움 곧 가난은 가장 놀라운 신비이다. 예수님에게 행동의 방식은 겸손이라는 토양에 뿌리를 두고 있다. 하느님이시고 인간이시지만 당신의 권능을 내려놓는 사랑을 보여 주셨다. 많은 병자를 치유하고 기적을 베풀고도 아무에게도 말하지 말라고 당부하고 숨긴다.

"그분께서는 하느님의 모습을 지니셨지만 하느님과 같음을 당연한 것으로 여기지 않으시고 오히려 당신 자신을 비우시어 종의 모습을 취하시고 사람들과 같이 되셨습니다."(필리 2,6-7) 산다는 것은 변화하는 것인데 신학적으로 새로워진다는 것이다. 그 새로움의 토양이 내려놓음 더 내려놓음의 겸손이다.

겸손이고 그리스도교의 미덕이다. 성경은 서로 신뢰하지 못하는 사회에서 '슬프고 가난하게 살아가는 인간 경험'을 겸손이라고 제시하고, 이것에 점차 '도덕적이고 종교적인 색채'가 더해진다.

신약 성경에서 겸손은 무엇보다도 '마음의 내려놓음, 영혼의 가난함'을 말한다. 자신에게 필요한 것을 알면서도 자족할 수 없는 가난한 영혼은 하느님의 활동을 잘 받아들일 수 있는 특권을 받은 내려놓는 마음의 상태이다.

마리아의 노래는 겸손한 자의 찬송이다. "전능하신 분께서 나에게 큰일을 하셨기 때문입니다"(루카 1,49).

가난한 자의 노래, 온유한 자의 노래가 마리아의 마니피캇이다.

"내 영혼이 주님을 찬송하고

내 마음이 나의 구원자 하느님 안에서 기뻐 뛰니

그분께서 당신 종의 비천함을 굽어보셨기 때문입니다.

이제부터 과연 모든 세대가 나를 행복하다 하리니

그분의 자비는 대대로

당신을 경외하는 이들에게 미칩니다"(루카 1,46-50).

"보라, 너의 임금님이 너에게 오신다. 그분은 겸손하시어 암나귀를, 짐바리 짐승의 새끼, 어린 나귀를 타고 오신다"(마태 21,5).

"그분은 의로우시며 승리하시는 분이시다. 그분은 겸손하시어 어린 나귀를 타고 오신다."(즈카 9,9)

겸손의 모델이 예수 그리스도이고, '그리스도를 모방하는 것은 겸손의 미덕이다. '모든 미덕의 뿌리'라고 칭송하는 겸손은 고결한 덕으로 여러 가지 선들 가운데 첫자리를 차지한다. 교만이 악의 첫 조건이듯 말이다. 겸손은 마음과 영혼의 일반적 태도 곧 행동하는 사랑이다. 겸손, 특히 성인들의 겸손은 거룩하고 신비적이면서도 잘 설명될 수 없는 이유가 있다. 겸손은 태양과 같아서 그 빛이 손에 잡히지는 않고, 그 힘과 본질을 묘사할 수 없지만, 빛을 쪼이다 보면 속성과 효과를 알 수 있듯이, 겸손의 고유한 본질을 맛볼 수 있다. 영성

대가들은 그럼에도 불구하고 그 본질을 식별하는데 도움이 되는 몇 가지 성격과 태도를 강조했다. 이구동성으로 일치해서 말하는 겸손은 다음과 같다.

"모든 것에 앞서서, 겸손이란 바로 자기를 아는 것이다."

미국의 제16대 대통령으로 남북통일을 이룬 에이브러햄 링컨이 구두를 닦고 있었다. 젊은 비서가 이 광경을 보고 미안해하며 "각하께서 직접 구두를 닦으시다니요, 안 돼요. 그러시면 안 됩니다." 그러자 대통령 링컨은 웃으면서 대답했다. "내가 내 구두를 닦는데 그것이 뭐 잘못된 건가요? 모든 일에는 귀천이 없지요. 그리고 대통령이 구두를 닦는 것이 아니라 구두닦이가 대통령이 된 것이라오. 하하하!" 웃으며 링컨은 즐겁게 자기 구두를 닦았다. 링컨은 대통령이라는 직무와 평소 자기가 하던 구두를 닦는 일이 다른 것이 아니라 모두 자기 자신의 일로 보고 있는 것이다. 에이브러햄 링컨은 따뜻하고 부드러운 겸손한 대통령이었다.

인간이 지닌 나약함의 한계를 인식하는 것이 겸손이다. 내가 죄인임을 아는 것, 자신의 비참함에 대해서 아는 것, 즉 회심이다. 구원의 시작은 자신의 부족함을 알아차리는 것이다. 겸손은 이웃을 판단하고 통제하려는 우리의 충동을 보게 한다. 초기 수도원에서 겸손을 구체적으로 살아가는 것은 침묵, 순종, 휴식의 양보, 충실한 소임, 깨어 있음을 의미한다.

그런데 휴식의 양보가 겸손이라는 말에 고개가 갸우뚱하다. 어째서 휴가를 양보하는 것이 겸손을 구체적으로 살아가는 것일까? 사도들이 선교를 다녀와서 예수님께 모여 와, 자기들이 한 일과 가르친 것을 다 보고하였다. 그러자 예수님은 그들에게 "좀 쉬어라" 하고 말씀하셨다. 하지만 오고 가는 사람들이 너무 많아 음식을 먹을 겨를조차 없었다(마르 6,30–31). 예수님도 많은 군중을 보시고 가엾은 마음이 드셨다. 그들이 목자 없는 양들 같았기 때문이다(마르 6,34).

필자가 로마에서 유학을 하면서 성주간을 맞아 이탈리아 베로나 근처 시골 본당에 가서 보냈던 적이 있었다. 시골 본당의 노인 신부님과 함께 식사를 하는데 항상 식사를 시작하고 얼마 있다가 신부님은 식당을 나가곤 하였다.

나는 처음에 혹시 배탈이 나셨나 했지만 계속해서 식사를 시작하자마자 미안하다면서 먼저 식사를 하라고 말씀하시고 식당 밖을 나가 누군가를 만났다. 그리고 한참 후에 내가 식사를 마친 다음 들어오셔서 때 늦은 식사를 하곤 하였다. 나는 도대체 함께 식사를 할 때 최소한의 예의는 필요한 것이 아닌가라는 생각이 들어 그렇게 하는 연유를 물었다.

신부님의 대답이 얼굴을 들지 못할 만큼 나는 부끄러웠다. 신부님은 그 지역 이주 노동자들의 여러 가지 고충들을 들어주고 상담을 하며 이주 노동자들의 불법 거주, 노동 문제 등에 관해 해결을 해 주셨다. 그런데 어째서 그들은 꼭 식사 시간에만 신부님을 만나러 오냐고 물었더니 신부님은 그들은 일을 하느라고 식사 시간을 내서 올 수밖에 없다고 하셨다. 그러니 신부님도 자신의 식사 시간을 내서 그들을 만나신 것이다. 신부님은 참으로 겸손하신 분이셨다. 아니 사람을 섬기는 분이셨다. 겸손은 진심으로 사람을 섬기고 사랑하도록 우리를 인도한다.

첫자리를 차지하려는 경쟁은 모든 분야에서 나타난다. 정치, 경제, 문화, 스포츠 심지어 종교에서도 그 모습이 보인다. 하느님께서는 우리를 당신의 봉사, 이웃 사랑의 실천에로 부르신 것이다. 그리스도인들은 마지막 자리 내려놓음을 선택하고 하느님 앞에서 오직 겸손하면 된다. 그러면 하느님께서 우리를 높이신다. 우리는 그 모습을 최고의 겸손 예수 그리스도 안에서 발견한다. 늘 새로운 내려놓음이 복음의 핵심이다. 우리는 하느님께 순명함으로서 결정적인 찬양을 통해 영광에 참여한다. 하느님께 봉사하는 것이 바로 진정 모두를 지배하는 것이라는 의미를 나타낸다.

겸손은 하느님이 주신 선물을 자기 자신의 것인 양 여기지 못하게 한다. 그러므로 우리의 소질과 능력이 선물이기 때문에 주신 분의 뜻대로 사용해야 한다. 물론 내가 받은 선물은 이제 그분이 아니라 나의 소유이지만 선물을 제공한 분의 원의를 받아들여 쓰는 것이야 말로 겸손을 사는 데 아주 중요하다. 하느님을 관상하는 자의 겸손은 자신의 적을 물리친 공적을 하느님의 은총으로 돌리는 데에 주저하지 않는다. 겸손은 '지상에 뻗어 있는 모든 적의 그물'을 피하게 해 준다.

영성가들은 겸손의 단계에 이르는 길로서 육체노동, 자신을 다른 사람보다 아래에 놓기, 순종을 제시한다. 인간의 노동은 겸손을 살아 가는데 필요한 단계인데, 현대인들은 몸 가꾸기를 위한 운동으로 대체 하는 경향을 보이고 있다. 한편 청년 실업의 증가와 경제 활성화가 어 렵다는 뉴스를 자주 접하지만, 노동하는 일자리에 외국인 이주 노동 자들로 가득 차 있다는 것은 많이 성찰을 할 기회를 제공하고 있다.

겸손한 사람은 모든 것에서 하느님을 보는데, 바로 아담과 하와의 타락에 앞선 원래의 상태로 돌아가는 것이다. 낙원의 순순한 아담과 하와는 겸손한자로 창조되었다. 따라서 하느님이 주신 선물로 가득 채워진 겸손한 사람들은 위대하다. 겸손한 자들은 자신의 능력 밖에 있는 위대하고 경이로운 길을 걸어간다. 겸손을 위해서 이러한 위대 함을 인식할 필요가 있다.

마음이 가난한 자의 행복

구약과 신약에서 가난에 대한 용어를 정의하는데 큰 차이가 있다. 예수님의 설교는 "가난한 자의 행복"(마태 5,3) 선언으로 시작을 하고 있지만, 구약 곧 이스라엘의 역사는 반대로 하느님께서 당신 믿는 이 들의 일에 축복을 주시고 풍요로움을 주시는 예를 많이 보이고 있다.

부자가 되는 사람들은 큰 재산을 소유하고 비옥한 땅과 종들, 곡

식들을 많이 수확하며, 그것으로 인하여 다른 사람들의 평판과 명성을 지닌다. 아브라함은 가축, 금, 은을 많이 소유한 부자였고(창세 13,2), 그의 아들 이사악도 수확을 백배나 올리는 부유함을 누렸으며(창세26, 12), 야곱도 양, 염소, 남종, 여종 등 풍요롭게 살았다(창세 30,43). 욥은 모든 것을 잃었지만 그것은 그의 믿음을 시험하기 위한 것이었고 결국 욥도 최고 부유함을 누리도록 주님께서 불러 돌아온다.

그렇다면 과연 부에 대한 구약 성경과 자본주의 그리고 우리 신앙인의 자세는 근본적으로 어떤 차이가 있을까? 사람이 부유하게 되는 것은 노동과 사업을 통해서다. 불행히도 남을 속여서 심지어는 도둑질이 부자가 되는 원인이 되기도 한다. 그러나 모든 부유함의 원천은 무엇보다 하느님의 강복이다. 이 기초 위에 인간의 노력이 열매를 맺는 것이다.

성서에 따르면 복지와 안녕을 누리는 것은 하느님의 선물이다. 부유함은 하느님께서 주신 선물이다. 따라서 인간은 그 선물을 교환하면서 상호 애정과 관심에 주의를 기울이면서 살아가야 한다. 곧 하느님께서 주신 선물에 먼저 감사를 드려야 한다. 그럴 때 하느님께서 선물하신 목표를 이룰 수 있다.

불행하게도 현실은 반대로 나타나곤 한다. 부자는 하느님의 선물을 더 이상 필요하지 않는다. 왜냐하면 모든 것을 소유하였기 때문이다.

성경은 "부유한 자의 재산은 그에게 견고한 성읍이 되고"(잠언 10,15)라며 부자의 재산을 견고한 성채로 표현하고, 이스라엘을 "내가 먹여 주자 그들은 배가 불렀고 배가 부르자 마음이 우쭐해져 나를 잊어버렸다."(호세 13,6)라며 질책하고 있다.

부유함이 문제가 아니라 하느님의 강복의 뿌리를 잊고, 이제는 그 강복에 감사하지 않고 오만함으로 의심 없는 죄를 짓게 되고 결국 모든 것을 잃어버리는 부자 라자로의 신세가 된다는 것은 불 보듯 뻔한 일이다.

성경은 근본적으로 부유함을 반대하고 있지 않다. 복지와 안녕, 풍요는 현실에서 살아가는 문제이다. 하느님께서 우리를 기억하셔서 주신 선물을 나의 안녕, 복지, 부유함만을 위해 소유한다면 그것이 문제라는 고발이 성경의 가르침이다. 그러면 어떻게 할 것인가? 가난한 자를 위해 사용할 의무를 성경은 말하고 있다.

부자 곧 부유함이 만들어 가는 위험은 매우 크고 영향력이 있음을 신약 성경의 적지 않은 부분에서 고발하고 심지어 그것을 단죄하는 듯 하는 말을 우리에게 던지고 있다.

"불행하여라, 너희 부유한 사람들 너희는 이미 위로를 받았다"(루카 6,24). "그의 집 대문 앞에는 라자로라는 가난한 이가 종기투성이 몸으로 누워 있었다"(루카 16,20).

부유함과 부자가 나쁜 것은 절대 아니다. 하지만 문제는 라자로 부자처럼 문 앞에 있는 거지에게 적어도 탁자에서 떨어진 빵 부스러기를 먹기 원하는 가난한 자에게 아무것도 나누지 않는 것이다. 부자는 가난한 자를 위해 자비를 베풀어야 하는 책임을 가지고 있다는 것이 복음의 메시지이다. 가난 자체는 좋지 않은 악이 아니다. 하느님으로부터 가난한 자들은 배려되고 치료될 존재들이다. 사람들이 다른 가난한 자를 어떤 형태로든지 책임을 질 때 엄청난 사랑의 사건이 발생할 것이다.

우리가 보통 생각하는 행복한 사람은 부유하고 평안하며, 조용하고 편안하게 사는 자, 즐거워하고 웃는 사람이다. 그런데 러시아의 대문호 톨스토이는 부자보다 가난한 자가 더 행복하다는 글을 많이 썼다. 자식을 잃은 사람, 가난하게 된 사람, 불의하게 박해받는 사람, 우는 사람들이 행복하다고 말한다. 이 같은 행복 선언은 세상 가치들의 전복을 의롭게 하도록 추구한다. 행복한 나라는 울음도 두려움도 빈곤도 없는 하느님의 나라지만, 사람이 되신 하느님께서 빈곤과 슬픔 그리고 박해가 심한 세상에 들어오셔서 이루어지는 나라이다.

"그분께서는 부유하시면서도 여러분을 위하여 가난하게 되시어, 여러분이 그 가난으로 부유하게 되도록 하셨습니다"(2코린 8,9).

주님은 가난한 자들에게 참으로 행복하다고 선언하며, 그들을 사랑한다. 물을 마시려면 컵이 있어야 하듯, 우리가 걷는 인생의 길에서 행복과 사랑은 반드시 만나게 된다.

"행복할 때에는 불행을 잊고 불행할 때에는 행복을 잊는다"(집회 11,25).

아브라함을 통해 보여 주시는 하느님의 축복은 백성에게 물적 풍요를 약속하는 행복이다. 예수를 통해 주시는 하느님의 축복은 가난한 자에게 영적 풍요를 선언하는 행복이다. 성경에 따르면, 구약의 물적 축복과 신약의 영적 축복의 길을 걷는 자들이야말로 참으로 하느님의 사랑을 받은 행복한 사람들이다.

하느님의 축복을 받기 위해 우리는 마음의 살림과 영혼의 사랑을 실천해야 한다. 마음은 식구들이 모여 사는 집과 같아 깨끗하게 치우며 살림을 해야 하고, 영혼은 그 집 안에서 함께 살림을 하는 식구들처럼 서로 따뜻하게 사랑을 해야 한다. 마음은 집이요, 영혼은 사랑하는 식구이다. 그러므로 마음의 행복과 영혼의 사랑을 위해 우리는 더 이상 전처럼 그렇게 사랑하지 않아야 한다. 내 뜻대로 내 방식대로 더 이상 그렇게 사랑하고 싶지 않다. 맑은 마음과 영혼이 담긴 사랑으로 사랑하고 싶다. 내가 취했던 방식의 사랑이 하느님의 사랑이라고 착각했다. 하느님의 사랑을 만나고 느끼며 실행해야 한다. 그 사랑이 내 영혼을 살리고, 가슴을 뛰게 한다.

"배부를 때에는 배고픈 때를 생각하고, 돈이 많을 때는 가난과 궁핍을 생각하여라"(집회 18,25).
"돈을 사랑하는 사람치고 돈으로 만족하는 사람이 없다. 욕심부린다고 더 생기는 것도 아니다. 그러니 이 또한 헛된 일이다"(전도 5,9).

인간 손에 있는 돈, 우리는 "하느님과 재물을 함께 섬길 수 없다"

(루카 16,13). 돈은 사회생활에서 아주 중요하지만, 복음의 가르침은 합당한 돈벌이와 부당한 것 사이를 구분하고 있다. 그러나 정당한 수입과 부당한 것을 말하기란 단순하지 않다. 삶의 환경과 양심에서 해결할 문제이다. 복음은 살기 위해 돈을 벌고 그것으로 또한 하느님을 위해 살아야 한다고 말한다. 곧 삶을 위한 돈이지 돈을 위한 삶이 되어서는 안 된다.

"돈을 좋아하는 바리사이들이 이 모든 말씀을 듣고 예수님을 비웃었다"(루카 16,14). 교부들은 돈에 대한 애착을 우상과 비교했다. 초기 그리스도교인들은 떠오르는 해를 향해 주님께 기도를 드릴 수 있었다. 하지만 해를 공경한다면 그들은 우상 행위를 하는 것이다.

이와 같이 우리는 사람들과 하느님께 봉사하고 살기 위해 필요한 돈을 준비해야 한다. 하지만 이기적으로 그것을 즐기고 소유하기 위해서 돈을 추구하면, 우리는 우상 행위자가 되는 것이다.

"아주 작은 일에 성실한 사람은 큰일에도 성실하"(루카 16,10)듯이 좋은데 쓰는 돈을 운영하는 자는 주인이 아니라 관리자이다. 착한 관리자의 기본적인 자질은 정직과 신뢰의 뿌리인 사랑이다. 바른 경제 제도가 세상에 온전하게 채워 간다하더라도 세상에서 부자와 빈자의 차이는 더 늘어난다.

그런데 분명한 것은 크거나 작은 가치이든 모든 돈은 하느님의 계산대를 통과해야 한다는 것을 인식할 필요가 있다. 우리가 우리의 것을 쓴다하더라도 하느님의 계산대를 통과해서 쓰는 책임을 져야 한다.

성경은 "많이 거둔 이도 남지 않고 적게 거둔 이도 모자라지 않았다."(탈출 16,18)라고 전한다. 그리스도교 초기 "신자들은 모두 함께 지내며 모든 것을 공동으로 소유하였다. 그리고 재산과 재물을 팔아 모든 사람에게 저마다 필요한 대로 나누어 주곤 하였다"(사도 2,44-45). 재물을 다 팔아 저마다 필요한 대로 나누어 쓰는 삶의 방식이 너무 이상적일까? 그들은 행복했을까? 무엇이 그들을 그렇게 하도록 했을까? '사랑이다.' 영혼은 사랑하는 사람 안에서 현존한다. 영혼의 기쁨은 사랑이 꽉 차 충만할 때 몰려온다.

그런데 사랑의 실천에 있어서 유목 문화와 농경문화 사이에는 차이가 있다. 이러한 차이는 식당에서 식비를 내는 방법과 유사하다. 서구 사회는 무조건 더치페이이다. 한국은 연장자가 지불한다. 성당과 예배당에서 봉헌하는 헌금도 차이가 있는데, 개신교는 전 세계 어느 교회에서도 찾아볼 수 없는 헌금 방법이 십일조이다. 성당의 헌금 방법은 신용카드 사용과 더치페이와 비슷하다.

그런데 유목 문화는 늘 풍요로운 새 땅을 찾기 위해 떠난다. 그들에게 떠남이 곧 생명이고 삶이다. 아브라함도 하느님께서 새 땅과 민족을 약속하면서 떠날 것을 말하자, 즉시 떠날 수 있었다. 유목민 문화의 단면을 본 것이다.

하지만 농경문화는 반대다. 땅을 떠나는 것은 죽음이다. 반대로 농민들은 땅 한 평이라도 붙들고 있어야 한다. 그래서 그 땅에서 농사를 지어 식구들을 먹여 살리고 자녀들 학교 공부도 시킬 수 있다.

대전가톨릭대학교 평생교육원 학생들과 충청남도 합덕 신리 성지를 순례한 적이 있다. 전망대에 올라 마을 전체를 바라보는 데 한쪽에 큰 기와집이 보였다. 한눈에 봐도 그 지역의 부잣집인 것이 눈에 들어왔다. 성지 담당 신부에게 그 집에 대해 물었더니, 그 지역의 유지인데 그 집 뒤로 3km 정도 떨어진 곳 가리켜 바라보니 하얀색 건물의 학교가 눈에 띠었다. 부잣집이 학교를 지어서 나라에 봉헌하였단다.

나는 순간 번쩍하고 스치는 소리가 있었다. "아! 이것이 우리나라를 지탱해 온 사랑이었구나!" 부자들의 베풂, 사랑의 문화다. 건강한 부자들의 나눔과 베풂의 문화는 사순절에 성당에서 간혹 보는 '사랑의 쌀독', 회식을 하고 구성원들을 위해 식비를 내는 베풂 문화의 뿌리를 발견한 느낌이었다.

베풂을 위한 나눔의 뿌리에는 사랑을 위한 절제라는 덕목이 자리를 잡고 있다. 모든 욕구들은 사람을 자유롭게 하는 것이 아니라 노예로 만들어 버린다. 절제한다는 것은 늘 단련한다는 것이다. 욕구 본능대로 따르지 않는다는 것이 자유의 제한은 아니다. 절제의 핵심은 포기가 아니라 알맞은 한도이다. 사순 시기에 음식의 절제를 말한다. 탐욕은 나를 속박하지만 절제는 거기에서 나를 해방하고 자유롭게 되는 것이다.

그리스도교 전통에서 수도자들은 가난을 절제의 삶으로 실행하여 왔다. 수도 생활을 처음 시작한 파코미오의 자서전을 보면, 이집트의 수도자들은 일 년에 한 번 정도 물에 적셔서 빵을 먹는 것을 제외하곤, 주로 거친 검은 빵을 먹었다고 기록한다. 밀가루 반죽도 쓴 나물 가루에다 비벼서 음식을 해 먹었다. 그 이유는 밀가루를 보통 반죽을 하면 달게 변하기 때문이란다. 그들은 기름은 사용하지 않았고, 고기도 먹지 않았으며, 오직 콩 종류의 식물을 그것도 날로 먹었다고 전한다.

알칸타라의 베드로 성인은 3~4일에 한 번 조금 무엇인가를 먹었고, 아시시의 프란치스코 성인은 40일 단식 후에 빵 조각으로 끼니를 해결했다고 한다. 프란치스코 성인은 능력으로 무엇인가를 하려는 힘에 넘어가지 않고 겸손으로 그리스도를 닮고자 단식을 하였단다. 마음이 가난한 수도자들의 사랑과 나눔의 삶은 구체적인 가난 실천을 통해서 이루어진 것이라고 말할 수 있다. 절제는 겸손과 함께 가고 겸손은 거만과 자만의 반대다. 하지만 우리 사회는 다르게 돌아간다.

"좁은 문으로 들어가도록 힘써라"

서점에는 외국 여행을 위해 짧은 시간에 외국어를 배울 수 있도록 안내하는 소책자가 많이 진열되어 있다. 그런데 새로운 언어를 배우는 것은 그리 쉽지도 또 그렇게 빨리 되지도 않는 것이 현실이다. 왜냐하면 언어는 단순히 말이 아니라 사고방식과 문화 그리고 생활이기 때문이다. 이와 같이 언어의 문제는 삶의 영역과 깊은 관련을 맺고 있다.

자신의 삶을 바꾸려는 사람은 언어를 새롭게 배워야 한다. 새로운 언어만 배워야 하는 것이 아니라 생각하는 방식도 바뀌어야 한다. 좁은 문으로 들어가도록 힘쓰는 것은 바로 좁은 문에 들어가 이미 살아가시는 주님을 따라 살아가는 것이다. 그리스도 안에서 사는 생활은 마치 오르는 길처럼 힘이 든다. 그런데 그 반대의 내려가는 길은 쉬울 수 있으나 그것은 악습의 길이 될 수 있다. 오르는 길이 힘은 들어도 그 어려움은 영성적 성숙에 있어서 반드시 필요한 것이다.

'힘쓰다' 동사는 '싸우다' 의미에 매우 가깝다. 상대방, 사람과 싸워서는 곤란하지만, 좁은 문으로 들어가기 위해서는 자신과 '힘써' '싸워야' 한다. 이를 위해 우리는 인간의 기원 곧 하느님 모습을 닮은 맑고 순수한 시작에로 돌아갈 필요가 있다. 곧 아담이 놓친 인간 청정성의 근본으로 돌아가도록 해야 한다. 이러한 인간의 통합적인 생태 회복과 회심을 해야 한다. 이것이 하느님의 인간에 대한 창조적인 사랑을 만날 수 있다. 그 사랑이 다시 인류 공동의 집인 지구 자연을 본디 천국 낙원으로 돌아오게 할 수 있다.

그리스도인이 좁은 문으로 들어가는 것은 무엇인가? 바로 구원의 길에 있는 문을 열고 들어가는 것인데 그 구원의 길 마지막에 있는 문이 바로 좁은 겸손의 문이다. 그리스도인의 목적은 개인적인 완덕만이 아니라 이웃 사랑, 자연 생태계의 사랑이다. 인격적 완덕은 사랑 (caritas) 없이 불가능하다. 완덕은 이웃에게 접근하여 접촉해서 열리는 사랑의 문이다. 이 문은 자기희생과 봉사를 통해 동반하는 좁은 문이다. 좁은 문이란 바로 십자가이다. 십자가 없는 교회, 가족, 사도직은 존재하지 않는다. 십자가 없는 그리스도의 사랑 역시 존재하지 않는다. 그러나 십자가는 하늘나라의 문을 여는 열쇠이다(루카 13,22-30).

겸손은 행동하는 사랑이다. 아빌라의 대 데레사 성녀는 겸손을 진리라고 했다. 아우구스티노 성인은 이방인들은 겸손에 대해 알지 못한다면서 겸손은 전형적인 그리스도교의 덕행이라 했다. 그런데 그리스 철학이 겸손을 본질적으로 바라보는 관점은 '올바로 계산된 인식', '바로 측정된 인식'이다. "자신을 높이는 이는 낮아지고 자신을 낮추는 이는 높아질 것이다"(루카14,11). 높이 올라간 사람은 내려가야 하고, 내려간 자는 올라야 한다. 다만 그 시기를 알아차리는 것이 겸손의 식별력이다.

너희는 원수를 사랑하여라

"'네 이웃을 사랑해야 한다. 그리고 네 원수는 미워해야 한다.'라고 이르신 말씀을 너희는 들었다."(마태 5,43)에서 '미워하다'는 표현은 현대인들 사이에서 통용되는 것같이 그리 강한 뜻이 없다. 오히려 '나두어라, 신경 쓰지 마라.'라는 의미로써, 보통 우리도 관계없는 사람에게 '그 사람 걱정하거나 신경 쓰지 마라.'는 표현을 종종 한다.

한편 원수라는 말도 오늘날 같이 아군에 반대하는 적, 나쁜 것을 원하는 어떤 사람이라기보다는 단순히 친구가 아닌 사람, 외국인, 모르는 사람이다. 예수님은 그리스도인들이 이런 상황에서 공통된 실천을 제시하면 친구와 아닌 사람에 대한 사랑 실천을 주목하고 계신다.

일반적으로 사람들은 이웃, 가까운 자. 아는 자들에게 호감을 갖기 마련이다. 알지 못하는 사람과는 인사하기를 꺼려하고, 무관심하다. 그러나 예수님은 이러 한계를 넘어서서 사랑의 보편성을 말씀한다. 곧 모두가 우리의 이웃이다. 그리스도 사랑의 보편성으로서 이웃 사랑은 하느님께 사랑받는 모든 이에게 확장된다. 하지만 우리는 구체적으로 사람을 접촉하는 경계나 사랑을 실천하는데 있어서 현실적으로 공간과 시간의 한계를 가지고 있다. 더 넓은 경계는 더 신적이다. 곧 하느님과 더 가깝다.

우리는 알지 못하는 사람들의 고통 앞에서 무감각하다. 그리스도의 사랑은 인격, 인종, 사회, 국가적 혐오감을 뛰어넘는다. 혐오감들은 가끔 신비하며 내밀하고, 또는 어떤 대상에 따라 자극되며, 비위에 거슬리는 자세, 비교육적이며, 천박하고 고집스러울 만큼 사람에게 어려움을 제공한다. 나에게 잘 해 주는 사람을 사랑하는 것은 지극히 자연스럽다. 하지만 나에게 잘못한 사람이라면 즉시 그 사람에 대한 사랑하는 마음이 사라지고 즉시 눈에는 눈, 코에는 코의 보복으로 돌아간다.

"네가 내게 한 것 그대로 나도 네게 할 것이다." 그러나 복음은 우리에게 다른 것을 요구하고 있다. "너희는 원수를 사랑하여라. 그리고 너희를 박해하는 자들을 위하여 기도하여라"(마태 5,44). 위 마카리오 교부는 "그래야 너희가 하늘에 계신 너희 아버지의 자녀가 될 수 있다. 그분께서는 악인에게나 선인에게나 당신의 해가 떠오르게 하시고, 의로운 이에게나 불의 한 이에게나 비를 내려 주신다."(마태 5,45)를 자주 인용하면서, 태양은 어느 곳에 따라 그 빛을 내리지 않으며, 어둠도 역시 늪을 건조시키지 않는다.

그리스도인도 환경에 따라 얼굴 모습이 바꾸지 말아야 한다. 믿는 이, 믿지 않는 이들과 함께 그리고 성인만이 아니라 죄인과 함께 행동을 잘해야 한다. 원수라 불리는 자는 나의 영적 성장을 위해 매우 중요하다. 순수한 사랑은 원수와 함께 드러난다. 그 보답은 세상이 갚아 주는 것이 아니라 영원한 사랑이 보상해 주신다(마태 5,43-48).

겸손, 마음의 가난

물질의 풍요가 행복을 보장할까? 나의 행복 그리고 다른 사람의 행복이 기대하는 바는 왜 다를까? 재물이 많으면 마음까지 행복할까? 완벽한 스펙과 높은 연봉이 행복을 보장해 줄까? 이에 대한 해답을 구하기 전에 먼저 세상일에 머리를 너무 많이 쓰는 자는 특히 마음과 영혼까지 돌보지 않는 일에서 멈추고 휴식하며 고요 속에 머물러야 한다. 그리고 감성과 감각의 표현에 익숙해야 한다.

『사표 사용 설명서』란 책이 있듯이 요즘 직장인들이 "나갈까? 버틸까? 회사 관둬도 꽤 살만하던데요."라며, "지금 일이 싫을 때가 아니라 좋아하는 일이 생겼을 때 떠나라."라고 조언한다.

성경은 행복을 정오표로 단순히 나누지 않는다. 예수님은 전 생애에서, 주님께 더 가까이 가는 사람이 행복하고 그들은 아마도 마음이 순수하고 가난한 사람들이다. 가난하면 주님의 행복에 유리하게 다가가기 쉽다는 말이다. 하지만 세상에 만족하면 갈증만 일어난다. 그런데 예수님은 가난이 행복이라고 말하지는 않는다. 가난이라는 이념이 행복은 아니란다. 하지만 우리가 사회 안에서 참으로 가난한 사람으로 살지 않으면 미래는 참으로 어둡다.

마음이 가난한 사람은 영(靈)이 가난한 자다. 영이란 무엇일까? 인간 안에 거처하는 하느님의 숨, 성령이다. 인간 내면에 영이 머무는 신비스런 거처가 있는데 그 거룩한 곳이 바로 마음이다. 영의 거주지, 마음은 하느님과 인간이 만나는 장소다. 그 집의 식구들은 몸, 지성, 이성, 지도력 등 생각의 흐름들이다. 그 가족들을 가깝게 하는 힘이 성령이다. 인간의 속마음과 영은 매우 닮았다. 그래서 성령은 만남의 원리라는 속성을 지녔다. 성령에서 나오는 은총은 마음에 뿌려진 씨앗과 같다. 그러니 무디어진 마음은 마음속 영이 아파하는 것과 같다. 더 이상 거룩한 모상의 흔적을 받아들이지 않는다. 그래서 마음의 '무감각'이 영을 무디게 한다. 마치 불을 때지 않은 집의 찬방에서 자면 몸이 차게 되어 감기에 걸리는 것처럼 마음도 그렇다.

'무뎌진 마음'은 '마음이 어두워짐으로써' 시작되는 병이며, 영혼에 의기소침함을 일으키기를 좋아하는 악마가 지휘하는 시련이다. 영혼은 눈에 보이지 않는다. 영혼이 건강한지 아닌지는 눈에 보이지 않는다는 말이다. 그러나 그 영혼의 상태를 모두에게 드러내 주는 눈에 보이는 표징들이 있다. 성령의 열매이다.

성령, 사랑의 열매

은사를 받으면 행복할까? 나를 행복하게 하는 것은 무엇인가? 성령이다. 성령은 열매를 맺으시고(갈라 5,22 참조), 그 열매가 있는 곳이 바로 하느님께서 계신 곳이다. 열매란 무엇인가? 성 바오로에게 있어서 성령 안에서의 삶이란 성령에 대한 직관적 앎이 아니다. 바로 표징들을 통해 참된 체험을 하게 하는 믿음의 삶, 구체적 현존에 대한 확신의 삶이다.

성령으로부터 오는 은사(언어와 치유, 1코린 12,28;14,12)는 믿는 이들에게 지금 움직이는 성령을 깨닫게 한다. 우리 안에 거하시는 성령(로마 8,11), 증언해 주시는 성령(8,16), 우리의 영혼과 결합하시는 성령(8,16), 우리 마음속에서 외치시는 성령(갈라 4:6)을 알아보게 한다.

식별은 성령의 은사로 두 가지로 구성된다. 하나는 하느님의 신비를 아는 것, 신학이며, 다른 하나는 마음의 비밀을 아는 것이다. 식별의 은사는 바로 하느님의 선물이었으니, 그것은 하느님만이 인간의 마음을 아시기 때문이다.

이는 육신을 통해, 시간을 통해, 그리고 공간을 통해 보게 되는 영적인 명석함이다. 명확하게 볼 수 있는 것은 맑은 영혼에게 주어지는 마땅한 보상이다. 완전하고 순수한 영혼이 본연의 자연 상태에서 살아갈 때, 영혼의 눈이 맑아져 악령들보다도 더 많이 더 멀리 볼 수 있게 된다.

영적인 사람의 가장 두드러지는 특징은 바로 영들의 식별이다. 그것은 거룩함의 표시 가운데 하나였다. '그러니까 영혼이 환시들(visions)에 관해 구분하기 시작하게 되면 영혼은 발전한다. 그리고 그 환시들을 모두 식별할 줄 안다면 그 영혼은 참으로 영적이라는 것이

증명된다.[6]

인간은 행복과 사랑을 위해 자신의 영적인 상태를 바라보아야 한다. 가난한 마음, 가난한 영이 아름다운 영혼과 사랑에 가깝기 때문이다. 그런데 지상의 소유물을 많이 지닌 사람들은 거기에 영혼과 사랑이 있다. 구약 성경은 가난함 속에 깃든 영적 풍요로움에 대해 얘기하며, 신약 성경은 진정으로 가난한 이들이 하느님 나라의 특권을 받은 상속자라고 말한다.

고통 받고 낮추어진 사람은 가난하고 궁핍하지만 겸손하다. 그는 고통과 역경에서도 평화를 향해 있는 온유한 사람이다. 하지만 고통받는 사람은 늘 가난한 사람이다.

"주님, 일어나소서. 하느님, 손을 쳐드소서. 가련한 이들을 잊지 마소서"(시편 10,12).

성경은 특히 신약 성경에서 부유함을 경계한다. 하느님께서 만드신 세상이 스스로 자라는 자연에는 부요함도 가난함도 없다. 하느님께서 불필요한 어떤 것도 창조하지 않으셨고 필요한 그 어떤 것도 빠뜨리지 않으셨기 때문이다. 신으로부터 받은 인간의 지혜는 일상생활에서 자신이 필요한 것을 정확히 이해하는 것이다. 삶에서 과도함이나

---

6) 토마스 슈피드릭, 그리스도교동방영성, 가톨릭출판사, 2014, 160.

모자람을 피하는 곳에서 지혜가 있다. 한편, 자신의 모든 필요를 충족시키는 사람은 가난한 삶과 여전히 거리가 멀게 있다.

부유한 자에게 가난하다는 말은 정말 적합지 않을까? 그렇지 않다. 자신의 첫 번째 필요가 영혼의 건강함이라는 것을 잊지 않을 경우에 부자도 가난하다고 볼 수 있다. 이렇듯 가난한 그리스도를 닮는다는 소명은 종종 현세의 삶에서 필요한 것들의 결핍을 전제로 한다. 그런데 인생의 여정에서 물질적 가난함은 사람에게 고통과 슬픔을 일으킨다.

진정한 가난은 물론 영적인 가난이다. 몸과 결부된 것을 돌봄에 있어서, 자신을 하느님과 영성이 깊은 사람의 손에 맡기는 자는 가난한 사람이다. 돈을 가벼이 여기는 것은 하늘다운 것들을 맛본 사람들에게나 가능한 일이다. 이러한 태도의 결과는 걱정이 없음 혹은 근심을 멀리함이며 이는 바로 기도를 통해서 얻는 자유이다.

반면 가난이 문제가 되는 것은 '미래에 대한 불안'과 물질적 손실에 대한 슬픔 때문이니 무언가를 걱정하는 사람은 아직 무소유에 도달하지 못했기 때문이다. 무소유란? 가난을 실천하는 사람들에게 베푸시는 하느님 섭리이고 믿음을 불러일으키는 기적이다. 무소유의 기적이 일어나는 것은 성경에 따르면 ,주님을 따르는 자는 부족한 것이 없기 때문이다.

현 세상에서 우리는 가난한 삶을 어떻게 받아들여야 할까? 한쪽에는 절대적 빈곤을 추구하며 물질적 소유에 경멸하는 수도자가 있다. 다른 한편은 개인은 청빈하지만 그것을 교회의 재산과 통합하고자 하였다. 교회는 후자를 선택했다. 복음과 교회에서 우위를 차지한 것은 개인 소유가 아니라 공동 소유다. 수도자들은 자신에게 반드시 필요한 것만을 개인의 소유물로 지녀야 했다. 수도자는 살 수도 팔 수도 없었고, 장상의 허락 없이는 아무것도 받을 수 없었다. 은수자는 자신의 손으로 일해서 자급자족한다. 적선을 받는 것은 수치스런 일로 여겼다.

'나는 아무것도 받지 않습니다. 내 손으로 일하여 얻은 것이 나 자신과 그리고 하느님 때문에 나를 찾아오는 이들을 충분히 먹이기 때문입니다.'

"너희는 가진 것을 팔아 자선을 베풀어라. 너희 자신을 위하여 해지지 않는 돈주머니와 축나지 않는 보물을 하늘에 마련하여라. 거기에는 도둑이 다가가지도 못하고 좀이 쏠지도 못한다. 사실 너희의 보물이 있는 곳에 너희의 마음도 있다"(루카 12,33-34).

"행복하여라. 마음이 깨끗한 사람들. 그들은 하느님을 볼 것이다"(마태 5,8).

성령의 오심으로 하느님 나라는 우리 안에 있으며, 따라서 마음이란 하느님의 적에 대항한 싸움이 일어나는 곳이다. '만일 마음이 인간의 중심에 있다면 바로 마음을 통해서 인간은 존재하는 모든 것들과 특히 그 이웃들과 관련을 맺게 된다. 인간을 일치로 이끄는 특별한 길이 하나 있는데, 이것이 바로 마음이다.

겸손의 비밀을 지닌 교황 프란치스코

교황 프란치스코의 삶의 뿌리는 겸손이다. 싸구려 시계, 다 헤진 검정 가방, 아르헨티나에서 구입한 구두, 전용기 아닌 전세 비행기, 선출 직후 교황의 첫마디 말은 평범한 저녁인사 "보나 쎄라", 방탄차가 아닌 문 없는 무개차 등, 이 모든 것이 바로 사람들을 열광하게 하고 겸손으로 인도하는 프란치스코의 영성, 사람을 얻는 영성이다.

교황의 방한 전, 준비를 위해 바티칸을 방문한 유라자로 주교에게 교황은 "꾸미지 말고 있는 그대로 준비해 주세요."라고 전했다. 방한 기간 동안 작은 차를 타시며 국민들에게 큰 감동을 주셨던 주문도 방한 전 자신을 예방한 유라자로 주교에게 먼저 한 부탁이었다. "작은 차를 타고 갑니다."

"우리가 가장 나약하게 느껴지는 때에 우리는, 우리가 부유해지도록 가난해지신 그리스도(2코린 8,9)를 만날 수 있습니다."

교황께서 방한 기간 중 방명록의 깨알 같은 서명이 아주 화제 거리였다. 주교회의를 방문하시고 한국의 주교들로부터 부탁받은 방명록 서명에 교황은 이름 'francisco'를 깨알 같이 적었고, 큰 마분지 종이 가운데 아주 작게 쓰셨다. 솔뫼 성지를 방문하시고 부탁받은 한 말씀에도 한 쪽 귀퉁이에 역시 'francisco'라고 서명을 하였다.

『저는 교황께서 대전의 성 요셉 신학교를 방문하여, 필자에게 건넨 말씀과 밝은 웃음을 결코 잊지 못할 것입니다. 그것은 나에게 평생 잊을 수 없는 선물이었습니다. 필자가 교황께 신학생들에게 도움이 되는, 좋은 말씀을 써 달라고 부탁을 드렸을 때, 그는 주저 없이 "스페인 말로 써도 되느냐?"라고 물었습니다. 보통 방문객들은 자신에게 편한 언어로 쓰면 되는 일이었습니다. 굳이 상대방에게 물은 일은 아니었습니다. 하지만, 스페인어로 쓰는 것 때문에 한국 신학생들에게 불편을 줄 수 있다는 배려와 친절을 보여 준 것입니다. 방명록 기록을 부탁을 하는 필자에게 "스페인 말로 써도 되느냐?"라고 묻는, 몸에 밴 그의 친절과 겸손을 저는 보고 느낄 수 있었습니다.』[7]

프란치스코 교황은 검정 가방을 늘 들고 다니신다. 교황의 오른손에 커다란 검정색 가방을 들고 다닌다. 비행기 트랩을 오르는 교황은 한 손으로 난간을 붙잡고, 다른 손으로는 가방을 든 손으로 자꾸 발에 걸리는 수단을 들어 올리느라 애쓴다. 교황은 한국 방문 기간 내내 검정 가방을 직접 들고 다녔다.

8월 15일 대전 월드컵 경기장에서 성모승천 대축일 미사를 마치시고 대전가톨릭대학교를 방문하였다. 나는 세종시장 내외와 함께 교황님을 맞이했다. 작은 차에서 내리시면서 교황은 검정 가방을 들고 내

---

7) 졸저, 2014 KOREA 프란치스코 메시지, 44.

렸다. 계단에 오르실 때, 걸어가실 때 늘 가방을 손수 들었다. 식사하실 때는 바로 옆에 놓아둔다.

교황이 투박해 보이는 검정 가방을 손수 들고 가는 모습을 생전 처음 본 것만으로도 신선한 충격이었지만, 다소 바래 보이기까지 하는 검정 구두도 교황께는 평범한 일상이었다. 그 구두는 고향 아르헨티나의 단골 구둣방에서 산 저렴한 것이었다고 한다. 이것이 교황의 겸손, 내려놓음 더 내려놓음의 비밀이다.

제5부
—

사랑은
포옹입니다

제5부

사랑은
포용입니다

행복하여라, 자비로운 사람들!(마태 5,7)

인간의 사랑은 확실히 자신으로부터 출발한다. 내가 느낄 때, 내가 원할 때, 내가 선을 베풀 때 나는 사랑한다. 하지만 하느님께는 필요한 것이 없다. "하느님께서 세상을 너무나 사랑하신 나머지 외아들을 내주시어,"(요한 3,16)에서 같이 그분의 사랑은 받지 않고 선물하는데 있다. 이냐시오 성인께서는 영신수련 결론을 묵상하면서 다음과 같이 기도하였다.

"주님, 들어주소서! 내 모든 자유, 내 모든 기억, 내 모든 지성, 원의 등 제가 가진 모든 것을 당신께서 제게 모든 것을 주셨나이다. 이제 주님 당신께 그것을 다시 드립니다. 모두 당신의 것입니다. 당신 충만한 기쁨으로 받아 주소서. 당신 사랑과 은총 허락하소서. 이것으로 제게 충분합니다."

하지만 우리는 한마디로 불의와 억압과 폭력이 넘친 인간의 무자비한 모습이 자행된 시기를 지난 세기에 보냈다. 두 번에 걸친 세계 대전이 이를 증명하고 그 후로 수많은 크고 작은 전쟁들이 인간은 무자비하다는 등식이 성립될 정도였다. 지금도 세상의 무관심 속에서 난민 사태가 벌어지는데 2015년 9월 2일 터키 서부 해변에서 발견된 시리아 난민 세 살배기 아일란 쿠르디의 주검이 난민에 대해 강경하게 대처하던 유럽 나라의 무자비의 빗장을 열게 하였다.

우리는 어떤 관점에서 모두 지구의 고통과 어려움에 한몫을 하고 있다. 인류가 저지른 엄청난 죄와 고통 앞에서 우리는 깊은 의식 성찰과 무한히 자비로우신 하느님을 필요로 한다.

"아버지, 저들을 용서해 주십시오. 저들은 자기들이 무슨 일을 하는지 모릅니다"(루카 23,34).

오늘날 우리 사회도 무자비하게 변하였다. 어떤 남편이 무능력하고 돈을 잘 벌지 못할 뿐 아니라 가진 재산도 없고 가난해서 이혼을 당하였다. 더 어처구니가 없는 것은 아이가 매달 보내 주는 양육비가 너무 적다며 아빠에게 투정을 부린다는 것이다. 분명 이 말은 엄마나 할머니에게서 배운 무자비한 말이다. 참으로 자비가 없는 가족들의 모습이다.

자비로운 사람이 된다는 것은 다른 사람의 어려움을 보고 속이 쓰
릴 줄 아는, 마음을 열고 사는 사람이 되어야 한다는 것을 성경은
말한다. 자비는 예수님이 백성들에게 선포한 교회 정체성의 구체적인
목표이다. 프란치스코 교황이 교회는 야전 병원이라고 표현한 것은
하느님의 자비가 교회 안에서 구체적으로 즉시 실현되어야 하는 것을
말한다.

품어라 아주 품어라

하느님은 본디 사랑이신데(1요한 4,16), 그 사랑을 사는 방법이 자비
와 관련된다. 자비는 사랑의 구체적인 실현 방식이다. 성경에서 자비
(hesed)는 하느님과 맺은 계약을 파기한 죄 지은 사람에 대한 용서다.
하느님께서 자비로운 분이다. 이렇게 하느님의 사랑이 구체적으로 실
행되는 것이 바로 자비다. 곧 하느님과 맺은 약속을 지키지 않은 죄
인에게 선물로 용서를 하시는 사랑이 바로 성경에서 나타나는 자비
이다.

"주님은, 주님은 자비하고 너그러운 하느님이다. 분노에 더디고 자애
와 진실이 충만하며 천대에 이르기까지 자애를 베풀고 죄악과 악행
과 잘못을 용서한다"(탈출 34,6-7).

히브리 말에서 가장 많이 사용하는 자비는 다음과 같다. 구약 성

경에서 364번이나 나오는 히브리 말 헤세드(hesed)는 선량함에서 오는 은근한 자세, 자신에 대한 성실함과 책임을 지는 남성적 특징을 띠는 자비다. 이스라엘은 계약을 파기한 죄로 법적으로 정의를 내세워 하느님의 자비(hesed)를 요구할 권리가 없다. 하지만 계약 당사자 하느님은 당신 사랑에 책임을 지므로 그 자비(hesed)를 배풀 수 있다. 이 사랑에서 오는 열매가 용서, 은총의 회복, 계약의 갱신이다.

라하밈(rahamim)은 사랑하는 자들 사이에서 품에 안기는 관계에서 나타나는 어머니의 사랑을 가리키는 자비다. 이 자비는 권리에서 오는 것이 아니라 거저 주는 사랑으로 연인 관계, 부모자식 관계, 부부 관계, 하느님과 백성 관계다. 그 생명이 저지른 잘못과 죄의 유무를 떠나 생명을 감싸 안고, 받아들이며 접촉하는 사랑이다. 이러한 자비가 잘 나타나는 성경은 되찾은 아들의 비유(루카 15,11-32)이다. "여인이 제 젖먹이를 잊을 수 있느냐? 제 몸에서 난 아기를 가엾이 여기지 않을 수 있느냐? 설령 여인들은 잊는다 하더라도 나는 너를 잊지 않는다"(이사 49,15).

자비의 또 다른 사랑은 후스(hus) 연민이다. 불쌍히 여기고 감정적인 동정을 나타낸다. 약자에게 베푸는 사랑이다. 사람들에 대한 하느님의 사랑이다. 자비는 구체적으로 용서로 나타난다.

"내 영혼아, 주님을 찬미하여라. 그분께서 해 주신 일 하나도 잊지 마라. 네 모든 잘못을 용서하시고 네 모든 아픔을 낫게 하시는 분. 네 목숨을 구렁에서 구해 내시고 자애와 자비로 관을 씌워 주시는 분"(시편 103,2-4).

사랑의 근원, 자비를 품어라

서양의 정신과학 내지 인문학에서 정신과 마음 그리고 감정의 움직임이 뇌의 작용이라고 본다. 하지만 동양 의학은 정신과 심리적인 움직임을 오장육부, 구체적으로 장의 작용이라고 본다. 성경에서도 마음에 영향을 주는 표현으로 내장이 움직였다고 한다. 곧 음식이 상해서만이 아니라 마음이 불편해서 배탈이 나는 경우를 보면 그런 관련이 있어 보인다. 유럽인들은 감정의 장소를 말하는 데 그곳을 머리의 뇌라고 하고, 한국인들은 가슴이라고 본다. 연민을 느끼는 마음, 가엾이 여겼다는 말이 가슴의 움직임과 머리의 기능이라고 보면 역시 그 다름도 문화적이라고 본다.

루카복음에서 잃어버린 동전, 잃어버린 양(마태 18,12), 잃어버린 아들 등의 비유를 보면 하느님 자비의 모습을 볼 수 있다. 착한 사마리아 사람(루카 10,29-37)은 인간의 자비를, 돌아온 아들(루카 15장)은 하느님의 자비를 보여 주고 있다. 공통점은 행동으로 자비를 보여 주고 있는 것이다. 결국 최후 심판에서 주님이 저희를 판단하시는 기준은 '우리가 얼마나 자비 하였나'이다.

동물들은 무리로 돌아가는 능력을 가지고 있다. 하지만 사람은 하느님의 은총 없이 죄에서 돌아올 수 없다. 곧 은총 없이 회개할 수 없고, 바른길을 찾을 수 없다는 것이다. 아우구스티누스 성인도 자신이 치룬 삶의 비용에서 그것을 배웠다. 어떤 죄인도 홀로 회개할 수 없다. 강한 의지를 가졌든 약한 의지를 소유하였든, 그리스도께서 자신의 어깨 위에 죄인을 둘러매지 않고서는 집으로 돌아올 수 없다. 그러므로 죄인은 은총이 자신을 인도하도록 청해야 한다. 그리고 각자의 힘에 따라 은총으로 협력해야 한다. 그러면 그의 의지는 무장될 것이다. 기적이 일어날 것이다.

"그가 양을 찾게 되면 ……, 길을 잃지 않은 아흔아홉 마리보다 그 한 마리를 두고 더 기뻐한다"(마태 18,13). 이 비유는 매우 인간적인 언어로 말하고 있다. 주님은 마리아 막달레나, 마태오, 자캐오의 회개로 큰 기쁨을 느낀다. 삶의 중심에서 솟아나는 주님의 기쁨은 잃었던 자의 회개다. 희망이 없는 중환자에게 생명을 구해 주는 의사는 아주 큰 기쁨을 경험한다. 자기 자신이 처한 어려움을 이겨낼 때도 기쁨이다. 그런데 영생을 위해 영혼이 살아난다면 얼마나 더 큰 기쁨이겠는가?

"이 작은 이들 가운데 하나라도 잃어버리는 것은 하늘에 계신 너희 아버지의 뜻이 아니다"(마태 18,14). 요한금구 성인은 우리가 하는 기도들 가운데 어떤 것은 허락되고, 어떤 것은 안 된다고 말한다. 왜냐하면 하느님은 당신 뜻에 상응하는 청원에 동의하기 때문이다. 하느님은 당신의 계획에 반하는 원의를 동의하지 않는다. 그렇다면 우리가 하느님의 뜻이 무엇인지를 어떻게 알 수 있을까? 우리가 만일 죄인들의 회개와 죄의 용서를 위해 기도한다면, 우리는 하느님과 하나가 되는 것을 확실히 느낄 수 있다. 이것이 하늘에 계신 우리 아버지의 뜻이다. 만일 우리가 이렇게 하느님과 같은 뜻을 가진다면, 우리가 드리는 기도는 위대한 힘을 드러나게 한다. 신비 안에 숨어 있는 하느님의 뜻은 언제나 우리를 통해 이루어지도록 허락되기 때문이다.

조엘 오스틴의 『긍정의 힘』에 아메리칸 드림을 가슴에 품고 성공을 바라는 청년 이야기가 나온다. 그는 미국행 배 승선권을 구입하려고 열심히 노동을 하였다. 드디어 배에 오른 그는 돈을 아끼려고 식사 때마다 식당에서 사람들이 남긴 우유와 빵 그리고 치즈 조각을 모아서 끼니를 때우 곤 하였다. 그런데 이 광경을 지켜본 식당 지배인이 그가 식사비를 아끼기 위해서 그렇게 식사하는 이유를 알고 그에게 말했다. "손님, 승선권에 식당 이용권이 모두 포함되어 있다는 사실을 모르셨나요?" 하느님의 축복은 덤으로 주어졌다는 사실을 우리는 하느님의 자비로 이해할 수 있다.

하느님의 자비가 루카복음 15장의 핵심 가치이다. "아버지, 재산 가운데에서 저에게 돌아올 몫을 주십시오"(루카 15,11). 윤리신학자들은 다양하기 그지없는 죄의 종류를 그리고 죄에 빠지는 단계들을 찾아내어 그것을 죄의 목록에 차곡차곡 채운다. 영성신학자들은 그 죄의 뿌리를 지속적으로 탐구하는바 과연 '모든 악습의 공통분모는 무엇인가?'를 찾고 있다.

두 신학자들이 만장일치로 대답하는 것은 바로 이기심, 이기주의

(egoism)이다. 이는 다른 이들에게 문을 닫아걸고, 이웃에게 무관심하며, 자신에게만 집중하는 삶이라는 것이다.

'돌아온 탕자'로 유명한 자비의 복음은 둘째 아들이 모든 것을 소유하고 아버지와 형제와 함께 일치하면서 살아가지만, 그는 모든 관계를 청산하기를 원한다. "아버지, 재산 가운데에서 저에게 돌아올 몫을 주십시오"(루카 15,12). 자신만을 위해 사용할 것을 요구한다. 재산을 나누어 받은 아들은 자기 것을 모두 챙겨서 먼 고장으로 떠났다. 먼 고장을 향해 떠나는 것은 바로 모든 관계를 끊고 혼자 살겠다는 이기심이다.

이 같은 사건은 오늘날 더 이상 이상한 일이 아니다. 매일 우리의 삶에서 체험하고 잘 알고 있는 아주 친근한 이야기이다. 러시아의 대신학자 솔로비요프는 이 이야기를 들어서 '삶과 죽음'의 비유라고 하였다. 곧 삶, 살아 있는 생명은 대화이며 지속적인 관계이지만, 관계의 종말 결국 죽음으로 인도하는 것은 '이기심'이라는 죄라고 말하고 있다.

"모든 것을 탕진하였을 즈음 ……, 그가 곤궁에 허덕이기 시작하였다"(루카 15,14). 배고픔과 슬픔 그리고 그것으로 인한 불만족은 육적인 것만이 아니라 영성 생활에서도 큰 영향을 준다. 특히 실수한 자신의 삶이 그 배고픔과 슬픔 그리고 고통과 불만족을 선택할 수밖에 없을 때 더욱 그러하다. 오늘날 우리 사회는 불황, 불경기, 경제, 정치의 양극화 등 여기저기에서 불만과 갈등과 슬픔 그리고 고통이 밀물처럼 다가온다. 이 같은 슬픔과 갈등은 사람의 관계를 망가뜨리는데, 친구와 가족 그리고 누구와의 관계도 단절시키면서 결국 자기 자신의 내면까지 쓰러뜨린다. 오늘 우리 사회를 단적으로 드러내고 있는 모습이다.

"그는 일어나 아버지에게로 갔다"(루카 15,20). 통교는 신뢰에서 시작되지만 단절과 분리는 이기심에서 시작한다. 사람들 사이에서 헤어짐을 보면 대부분 믿음과 신뢰가 사라지고 각자의 어려움 내지 불만족 때문에 사귐이 지속될 수 없다. 이같이 서로 간의 단절 더 나아가서 폐쇄 및 봉쇄는 사람을 극단과 도피로 몰아간다. 하지만 그 장애를 허문다면 도망가지 않을 것이고, 범죄를 일으켜 단죄 받기를 원치 않는다면 도망가지 않고 남아 있을 것이다.

회개한 죄인은 용서를 통해 다시 관계를 형성할 수 있다. 그때 죄인은 보다 의롭고 아름다운 방법으로 하느님에 대한 믿음을 고백한다.

죄의 습관을 가지고 있지 않는 사람들은 하느님은 악을 이기고 선으로 갚아 주시는 생명이고 제1원인이라고 쉽게 생각한다. 그러나 '주님! 죄인인 저를 용서하소서.'라고 기도하는 사람은 믿음으로 살아가고 하느님은 자비로우신 아버지, 선으로 악을 갚아 주실 수 있는 분으로 믿는다.

영원한 생명을 주시는 신앙을 고백하면서 하느님과 하나가 되는 삶은 우리를 더 강하고 성숙하게 한다. 죄로 죽은 아들이었다 해도 자비를 구하는 사람은 새로운 생명의 아들로 태어날 수 있다는 것이 자비의 복음에서 주님께서 주시는 메시지이다. 이 길만이 영원한 생명과 행복의 길에 참여하는 것이다

고해소는 죄를 고백을 할 때 사제를 통해 하느님께서 자비와 용서를 베푸는 은총의 거룩한 장소가 된다. 은총의 매력은 우리가 자격은 없지만 죄인에게 필요 이상의 과분한 것을 주시는 하느님의 사랑이다. 하지만 오늘날 무자비한 세상에 가장 아쉬운 것은 자비다. 특히 제도가 무자비한 듯해서 정말 마음이 불편하다. 자비 없는 자본주의 제도, 약한 자에 대한 배려가 없는 소유와 배척의 경제를 프란치스코 교황은 경계하라고 지적한다.

한국 사회 역시 오십 년 동안 경제 성장이라는 목표를 향해 무자비하게 달려왔다. 인간의 존엄성과 품위 있는 생명의 가치보다는 돈이면 모든 것이 가능한 사회가 되어 버렸다. 이제는 마음과 영혼의 성장, 인격의 성장을 위해 모두가 힘을 합쳐야 한다.

우리나라 사람 열 명 가운데 반 이상 곧 50퍼센트가 분노조절장애 증상을 가지고 있고, 그중 10퍼센트의 사람은 분노조절장애 병을 앓고 있다고 한다. 특히 인간관계에서 이런 일들이 종종 발생하고 있다. 도로에서는 보복 운전으로, 집에서는 층간소음 문제로 심한 갈등을 겪고 있다. 보복 운전이 성에 차지 않자, 차를 세우고 트렁크에서 도끼, 칼, 삼단봉 등 흉기를 들고 보복을 하고, 심지어 가만히 서 있는 사람을 자동차로 밀어붙이기도 한다. 층간소음 문제로 칼부림, 총사격 등 이루 말할 수 없는 현상들이 발생하고 있다.

세상은 자비로운 사람을 원하고 자비로운 목자를 바란다. 그래야 성장이 가능하고 깊은 연민을 느낄 수 있다. 연민을 느끼지만 상처를 준 자, 해친 자에게 풍부하게 믿음을 주는 것은 하느님의 선물을 아는 자 곧 자비로운 사람이 할 수 있는 용서다. 특히 공동체의 용서는 동료들 사이에서 드러나는 하느님의 자비다. 자비를 입은 사람이 자비를 베풀 수 있다.

불행하여라, 자비에서 멀리 있는 부유한 사람들

"그의 집 대문 앞에는 라자로라는 가난한 이가 종기 투성이 몸으로 누워 있었다"(루카 16,20). 부자 곧 부유함이 만들어 가는 위험은 매우 크고 영향력이 있음을 신약 성경의 많은 부분은 그것을 고발하고 심지어 단죄하는 듯 하는 말을 우리에게 던지고 있다. "불행하여라, 너희 부유한 사람들 너희는 이미 위로를 받았다"(루카 6,24). 부유함과 부자가 나쁜 것은 아니다. 그러나 문제는 부자 라자로처럼 문 앞에 있는 거지에게 적어도 탁자에서 떨어진 빵 부스러기를 먹기 원하는 가난한 자에게 아무것도 나누지 않는 것이다.

부자는 가난한 자를 위해 자비를 베풀어야 하는 책임을 가지고 있다는 것이 신약의 메시지다. 가난 자체가 악이 아니다. 가난한 자들은 하느님으로부터 배려되고 보살핌 받으며 치료될 존재들이다. 사람들이 다른 가난한 자를 어떤 형태로든지 책임을 질 때 엄청난 사랑의 사건이 발생할 것이다.

다른 자들의 고통과 불행은 사람들에게 자비심을 불러일으킨다. 돌보아 줄 사람 없이 혼자서 울고 있는 아이들을 보면 거의 모든 사람들은 안타까운 마음이 드는 것이 사실이다. 러시아의 철학자, 신학자, 사상가 솔로비요프는 자비심은 사람들 사이의 일치를 드러내는 자연적 표징이라고 말하였다. 그들에게 자비는 세상을 살리는데 하늘로부터 받은 사명이다. 이렇게 인식된 자비는 사랑의 실천(caritas)과 사랑의 행동에서 변형되지 않을 때 자비도 풍요롭지 않게 된다. 풍요치 않은 자비는 그 특징을 약화시킨다.

자비는 죽음의 경우에 특히 사람들의 마음속에서 불러일으킨다. 젊은이가 죽음을 당했을 때 특히 슬픔은 더욱 깊게 나타난다. 그리스도교 신앙이 가르치는 것은 영생을 믿기 때문에 울지 않지만 그러나 슬픔은 남는다. 가족의 기둥이었던 사람들의 죽음이 특별히 슬픔이 남는다. 부모, 친구의 장례미사에서 이런 모습이 잘 나타나고 있다.

"외아들이고 그 어머니는 과부였다. 그래서 "그를 그 어머니에게 돌려주셨다"(루카 7, 11-17). 가엾은 마음이 든 예수는 어떤 자신의 업적을 완성하기 위해 젊은이를 부활 소생시킨 것이 아니다. 주님은 단지 슬픔 속에 젖어 있는 어머니에게 잃어버렸던 아들을 돌려주기 위해서 살린 것이다. 이것이 자비이다. 죽은 이들의 부활을 통해 갈라지지 않는 영원한 자가 되어 어머니께 돌아왔다. 예수와의 만남은 사람들과의 만남의 전조, 예보가 되는 것이다.

"남이 너희에게 해 주기를 바라는 그대로 너희도 남에게 해 주어라"(루카 6,27-38). 사랑에 대해 많이 말하고 세상에서는 조금 실천되는 것이 슬픈 일이다. 사랑의 태도와 구체적인 사랑의 현실 사이를 구별할 필요는 있다. 부인이 남편을 위해 불 속에 들어갈 준비가 되어 있다고 농담을 하면서 말하지만 남편이 좋아하는 커피에 대해서는 모르고 있다. 마음 안에 느껴지는 사랑을 행동과 함께 표현하는지 알기가 쉽지 않다. 복음은 수세기의 경험으로부터 시도되고 실천하는 충고를 하고 있다.

희생 제물이 아니라 자비

어느 히브리 역사가는 신약 성경의 복음이 바리사이들에 대해 객관적이지 않는 관점을 전하고 있다고 비평을 하였다. 하지만 바리사이들과 예수님의 율법에 대한 관점은 전혀 다르게 나타난다. 바리사이들은 법의 문자대로 실행한다면 예수님은 법의 정신 곧 자비의 시선을 중심에 두고 있는 점이다. "내가 바라는 것은 희생 제물이 아니라 자비이다"(마태 12, 1-8).

나라마다 부패 지수가 다르게 나타난다. 대개는 부패의 원인이 되는 것은 서로 잘 알고 있는 사이의 사람들 가운데서 발생한다. 아는 자들 사이, 친구들을 사이에서 편애함으로써 나타난다는 것이다. 공직 사회에서도 친인척 혈연, 학연, 지연 등에서 부패가 발생하는 것과 같다. 기본이 되어야 하는 것은 어떠한 희생도 바르고 정의롭게 이루어져야 한다.

율법의 목적은 하느님을 위한 사랑이다. 그런데 그 사랑이 이웃을 위한 사랑과 분리될 수 없는 것이다. 또한 이웃을 사랑하기 위해 하느님을 배반할 수 있을까? 긍정적으로 바라보는 사람이 바리사이의 생각과 반대해서 말하길 "사랑은 계명보다 더 가치가 있습니다." 이웃 사랑은 하느님 사랑에서 떨어질 수 없다. 하느님께서 이웃을 사랑하듯이 우리가 이웃을 사랑한다면 사랑은 모든 계명보다 더 가치가 있다. 세상의 눈이 아니라 하느님의 눈으로 보아야 그 사랑이 보일 것이다.

음악가가 음정과 박자를 놓치면 오케스트라도 틀릴 수 있다. 정의도 편파적이고 불공정할 때 정의는 오지 않는다. 정의를 요구하는 인간 사회에서 오히려 폭력으로 인한 벌과 감옥들로 가득 차 있다. 현자들도 의로움과 자비의 조화를 반대하고 있는 듯하다. 우리에게 쉽지 않은 것이 바로 자비로운 정의를 실천하는 것이다. 곧 인도의 성자 간디, 마틴 루서 킹 목사처럼 폭력이 없는 정의를 실행해야 하고, 미움이 없는 옳음이 실행되어야 한다. 죄는 미워하되 사람은 미워하지 말아야 한다.

의로운 십자가, 자비로운 부활, 순결한 사랑

그리스도의 십자가 고통은 하느님의 사랑을 드러내는 최고의 계시이다. 다른 편에서 우리는 의로움의 동기가 모든 것을 해결해 버리는 것으로 말하지 말아야 한다. 따라서 신학자들은 하느님께서 인간적으로 할 수 없는 것을 해결할 수 있다고 제시한다. 곧 의로움과 자비는 분명 두 가지가 모순이다. 우리는 죄지은 자들을 향해 부분적으로 의롭고, 부분적으로 자비로운 모습일 수 있다. 우리는 그 죄인을 한 번은 전자 다음은 후자로 대할 것이다. 두 개의 행동들 사이에서 이상적인 꿈은 올바른 수단으로 남아 있다. 그리스도의 십자가 안에서 하느님은 최고의 의로움을 최고의 자비와 하나 되게 하셨다. 의로움은 죽음 안에서, 충만한 자비는 부활 안에서 나타나 모든 형벌에서 인간을 결정적으로 해방하셨다.

참사랑은 넘쳐나는 풍요로움을 선물한다. 자신이 완전하고자 하는 열망은 그 사랑과 관련이 있기보다는 자기애의 표현이다. 남녀의 사랑, 육적인 사랑, 자비로운 사랑, 거룩한 사랑은 자기 사랑에서 깨어남이다. 참 사랑은 자신을 채우기 위해 더 많은 것을 추구하는 사랑이 아니라, 자신의 보물을 열어 선물하는 것이다.

프란치스코 교황은 2015년 6월 21일 이탈리아 북부도시 토리노를 방문해 젊은이들에게 순결한 사랑을 말했다. 교황은 "도덕론자처럼 말하고 싶지는 않지만, 별로 인기 없고 또 유행에도 뒤진 말을 하고 싶다."면서 순결에 대해 말씀하였다. "사랑은 바로 사람을 존중하는 것이지 이용하는 것은 아니다."면서 순결한 사랑을 강조하였다. 교황은 "사랑은 쾌락을 위해 다른 사람을 이용하는 것이 아니라 다른 사람을 위해 희생하는 것"이라며 "순결하게 사랑하는 삶을 살도록 애쓰라."라고 거듭 강조하였다.

자비, 세상의 죄에 모두의 책임

땅과 인간의 병든 양심 사이에 신비로운 관계가 존재한다. 어머니인 땅은 거룩하지만 인간은 땅을 상하게 하고, 모독하며, 해를 끼칠 수 있다. 그래서 죄인은 땅에 입을 맞추며 죄를 고백한다. 우리는 참회하고 기도하며 고해하는 자비를 구하는 존재다.

하느님께 자비를 구하고 '죄와 진솔하지 못함으로 인하여 어두워진

땅'에게 용서를 빌면서 땅에 입을 맞추고 땅을 '영원히' 사랑할 것을 약속했던 것이다. 도스토예프스키의 『카라마조프가의 형제들』에 나오는 알료샤가 했듯이 말이다.

그의 유작 소설 『카라마조프가의 형제들』에서 도스토예프스키는 '모든 것에 대한 모두의 책임'을 강조한다. 그러한 경건함으로 바라볼 때 순전히 '사적인', 혹은 '단순히 개인적인' 죄란 있을 수 없는 것이다. 모든 위반과 파기와 저버림은 사회적이고 우주적인 폐해를 야기함으로써 땅을 어둡게 한다. 도스토예프스키는 "모든 것은 고통을 통해 속죄된다."라고 말하였다.

프란치스코 교황도 젊은이들에게 "상업주의가 이것이 아름답다. 저것이 좋다고 우리를 유혹하고 있다. 유리를 팔면서 그것이 다이아몬드인 것처럼 속이고 있다."라고 강조하였다. 2015년 6월 이탈리아 토리노를 방문한 프란치스코 교황은 젊은이들과의 만남에서 현대 문화와 세계 지도자들이 어떻게 인류를 위협하는지를 설명하였다. 교황은 무기 제조업자와 무기 판매업자에 대해 "그들은 자신들이 모두 기독교인이며, 자신들은 단지 무기 조립 과정에 투자했을 뿐"이라고 변명하고 있다며, 그러나 "그들은 이익이 많이 나기 때문에 그 일을 하는 것이며, 오늘날 세상에는 두 얼굴을 가진 돈이 한쪽에서는 이런 말, 다른 한쪽에서는 저런 말을 하면서 떠돌아다니고 있다."라며 이는 위선이라고 비평하였다. 모든 불의에 대해 책임을 지지 않는 무자비한 위선자 지도자들을 고발하면서 젊은이들에게 "현재 흐름에 거슬러 나아가라."라며 모든 것에 대한 모두의 책임을 지는 것을 역설하였다.

자비를 입은 사람이 베풀 수 있다.

자선은 가난한 이들에 대한 엄격한 정의다. 부자들의 풍부함은 가난한 이들의 것을 소유한 데서 오는 것이기에 풍부함을 가진 사람은 누구나 도둑이라고 성 바실리우스는 말씀하였다.

"당신이 여럿에게 나누어 주기 위해 부여 받은 것을 혼자 간직한다면, 그것이 바로 탐욕스럽고 욕심 많은 것이 되지 않겠는가?"

"수도자들조차도 다른 사람들에게서 일을 받았을 때에는 자선을 베풀어야 한다. 그리고 자선을 베풀 때에는 믿는 자와 믿지 않는 자를 구분하지 말고 모두를 도와야 한다."

수도원의 필요를 채우기 위해 사용되었고─이콘, 성구, 서적, 음식물 등의 구매─나머지는 가난한 이들에게 자선을 베풀기 위해 사용되었다. 매일 600~700명의 가난한 이들이 수도원에서 빵을 받아먹었다. 하느님께서 우리에게 보내신 만큼 분배되었다. 요한금구 성인은 애덕에 찬 베풂으로 얻어지는 영적인 은혜를 찬양하였는데 그것은 자선이 바로 사람들 사이에서 드러나는 하느님 자비로움의 모상이기 때문이다.[8]

자비로운 사람이 행복하다. 자비로운 행동이 행복을 만들어 준다. 자비로움이 심판의 기준이다. 제도가 자비로워야 한다. 자비를 베

---

8) 토마스 슈피드릭, 그리스도교동방영성, 가톨릭출판사, 2014, 297.

풀 친구가 있어야 진짜 행복이다. 베푸는 기쁨, 나누는 행복 자비로움이 친구를 부른다. 자비는 끝이 없는 행복의 선물이다. 먼저 연민을 보이는 사람이 되라. 측은지심을 수시로 표현하라. 행복은 사랑의 마음이 주는 선물이다. 대가를 바라지 않고 나눌 때 더 큰 선물이 돌아온다.

사람들은 친구를 사귈 때 또 친구가 되기 위해서는 서로 유사하거나 공통된 분야에 관심을 가질 필요가 있다. 우리도 하느님의 친구가 되기 위해서 역시 그분과 비슷하게 되도록 힘껏 노력을 해야 한다. 니사의 성 그레고리우스에 따르면 하느님과 비슷하고 성숙한 모습은 바로 '자비로운 것'이다.

"이 악한 종아, 네가 청하기에 나는 너에게 빚을 다 탕감해 주었다 ……. 너도 네 동료에게 자비를 베풀었어야 하지 않느냐?"(마태 18,32-33)

연민(compassio)의 마음을 지닌 자가 자비(misericordia)로운 사람이다. 연민은 하느님의 온유함이 육화하신 예수님의 감정이고 마음이다. 예수님은 기자나 사회학자의 시선으로 이웃을 바라보지 않고 착한 목자가 지닌 마음의 연민으로 세상과 이웃을 바라본다. 이웃에게 자비를 베풀고 시간을 함께 나누며 슬퍼하는 자는 하느님을 닮은 자이다. 내게 가까이 있는 사람, 나와 같이 있는 자에게 자비를 느낀다. 그렇지 않고 악한 종처럼 슬퍼하는 자에게 고통을 가중한다면(마태 18,21-35) 과연 그는 하느님의 자비를 살고 있는가? 자비는 그리스도 신비체의 핵심 징표이다. 주님께서는 구원을 보증하고 죄인들을 용서하였다.

그리스도 신자들이 기도를 할 때 과연 하느님께서 그것을 들어주실까? 곧 청원하는 것을 허락해 주실까하는 의문이 남는다. 하느님께서 세상사 모든 것을 돌보셔야 하는데, 모든 기도를 승낙해 주실까? 복음은 우리가 믿음으로 청하는 모든 것을 하느님께서 주신다는 것을 허락하고 있다. "주님, 제 아들에게 자비를 베풀어 주십시오. 간질병에 걸려 몹시 고생하고 있습니다"(마태 17,15). 신앙인이란, 하느님의 마음으로 생각하고, 하느님의 뜻을 실천하는 사람이다. 예수께서도 "누가 내 어머니고 누가 내 형제들이냐? 하고 반문하"며, "하늘에 계신 내 아버지의 뜻을 실행하는 사람이"(마태 12,48.49)라고 말씀한다. 그렇다. 어머니 마리아는 주님께서 하신 말씀이 이루어지리라고 믿으셨으니 참으로 복되신 분(루카 1,45)이다. 가브리엘 천사와 대화에서 이 사실을 알 수 있다. "저는 주님의 종입니다. 말씀하신 대로 저에게 이루어지기를 바랍니다"(루카 1,38). 오늘날 개인이든 공동체나 그들이 성장하고 교류하는데 있어서 가장 긍정적이고 높은 가치를 말하는 것이 '일치'이다. 하지만 현실은 일치를 획일성, 단일성으로 착각하고 있다.

말씀이 이루어지도록 우리가 청원을 드릴 때, "아버지의 뜻이 이루어지게 하소서." 하고 기도한다면, 우리는 분명히 그것을 받게 된다.

한편 우리가 청원하는 것이 참으로 하느님의 뜻인가를 어떻게 확신할 수 있을까? 요한금구 성인께서 "죄의 용서를 청하는 것 역시 그분의 뜻이다."라고 말씀하신다. 죄까지 용서 받는데 그 외 다른 것에 대한 청원이 어찌 이루어지지 않겠는가. "주님 죄인인 저에게 자비를 베풀어 주소서" 미사 때마다 드리는 자비의 기도야 말로 참으로 아름다운 기도이다. 이 기도를 드리면서 우리는 주님께서 주시는 자비와 축복을 확신하게 된다.

열심함 속에 들어 있는 죄, 교만

전통 교리서는 일곱 가지 무거운 죄, 7죄종에 대해 기록하고 있다. 교만, 질투(시기), 탐욕(인색), 음욕, 폭식(폭음), 분노, 나태(게으름). 동방 그리스도교회는 죄 목록에서 교만이 반대로 마지막에 위치한다. 곧 교만은 하느님으로부터 가장 멀리 있는 최악 단계를 뜻한다. 하지만 교만은 허영 또는 헛됨과 구별된다. 자만으로 나타나는 허영과 헛됨은 하느님과 사람들의 눈에 가치 없는 특이한 것에 과도한 중요성을 두고 있는 것이다. 겸손과 가장 멀리 있는 죄가 마음이 가난하지 못한 교만이다. 바리사이의 기도에서 교만의 모습이 잘 드러난다. "오, 하느님! 제가 다른 사람들 ……. 같지 않으니, 하느님께 감사드립니다" (루카 18, 11).

요즈음으로 말하면 아름다움에 대한 지나친 욕구 곧 성형, 웰빙 미용, 특이한 목소리, 좋은 옷, 부자태생, 부유함, 힘과 능력 등 이러한 것들은 교만은 아니지만 한편으로는 가볍고 귀엽게 나타날 수 있는 허영심의 표현이기도 하다.

허영과 헛됨이 과연 죄일까? 일반적으로 조소와 비웃음이 일어날 때 교만을 향해 가는 죄의 범주에 든다. 그렇지만 교만은 매우 무거운 죄이다. 교만한 자는 하느님께서 주신 선물, 은혜까지도 자만한다. 교만은 다른 것들보다 우월하다고 그 가치를 나타낸다. 3세기 사막의 교부 에바그리우스에 따르면, 우리가 일곱 가지의 죄악을 아무리 몰아낸다하더라도 여덟 번째 교만의 영이 남아 있다면, 교만의 영은 또다시 7가지의 죄악을 만들 것이라고 하였다.

똑같이 기도를 하지만 겸손한 기도와 교만한 기도를 볼 수 있다. "오, 하느님! 제가 다른 사람들, 강도 짓을 하는 자나 불의를 저지르는 자나 간음을 하는 자와 같지 않고 저 세리와도 같지 않으니 하느님께 감사드립니다. 저는 일주일에 두 번 단식하고 모든 소득의 십일조를 바칩니다"(루카 18,11-12). "세리는 멀찍이 서서 하늘을 향하여 눈을 들 엄두도 내지 못하고 가슴을 치며 말하였다. 오, 하느님! 이 죄인을 불쌍히 여겨 주십시오"(루카 18,9-14). 예수님은 말씀하신다. "그 바리사이가 아니라 이 세리가 의롭게 되어 집으로 돌아갔다. 누구든지 자신을 높이는 이는 낮아지고 자신을 낮추는 이는 높아질 것이다"(루카18,14). 도스토예프스키의 유작 『카라마조프가의 형제들』에서 조시마 사부가 말씀을 남긴다. "사랑스런 아들들아, 죄를 두려워하지 마라." 감동적이고 열정에 가득해서 우리의 직관력을 일깨우는 문장이다. "죄를 지었음을 자각하는 것을 두려워하지 마라. 하느님께서 용서하시고, 그분께서 하늘에 계신 자비로운 아버지이시고 당신 나라가 이미 이 땅 위에 현실로 나타났음을 다시 비추시리라. 이것을 발견하도록 힘쓰시오." 겸손한 기도는 자비를 베푸는 주님의 축복을 전하게 한다.

몇 번이나 용서해 주어야 합니까?

인간의 원초적인 감정들 가운데 하나는 정의감이다. 옛날에 법정이 없을 때 정의는 피로써 증거 되곤 하였다. 영화에 자주 등장하는 주제로서, 원수가 가족들을 죽이고, 당한 가족의 살아남은 자는 복수의 감정을 품고 살아간다. 더욱이 보복과 복수는 가족이나 공동체의 우두머리들이 가지는 의무이자 특권이었다. 히브리인, 유목민은 피의 복수를 보통으로 생각하며 살아갔다.

복수와 달리 관계를 바르게 하는 것이 용서다. 하느님과 자신, 자신과 자신, 자신과 이웃 등의 관계를 바로 잡는 것이다. 빠른 용서나 섣부른 용서는 진정한 화해를 회피하고 관계도 제대로 좋아지지 않는다. 관계의 달인이 되는 것이 용서의 달인이 되는 길이다. 용서는 관계의 존재인 우리 안에 하느님의 목소리이며 축복을 끌어내는 것이다. 용서에도 세 단계가 있다. 첫째, 주님께 용서할 수 있는 능력을 달라고 청해야 한다. 둘째, 용서는 결심이고 결정이며 행동이다. 셋째, 사랑이 나를 움직이도록 청하는 것이다.

생각은 용서가 아니라 미움과 섭섭함과 억울함이 쌓여 가는 일종의 폭탄과 같다. 보복이나 복수는 하느님께 맡기라는 것이 성경의 가르침이다. 상대방의 변화는 내 몫이 아니라는 의미인데 매우 어렵지만 하느님께 맡겨야 한다는 것이다. 용서가 어려운 것은 여행이나 산행을 할 때, 지도 없이 길을 찾으려는 것과 같다. 지도는 바른길로 인도하는 성령 같은 것이다. 사랑이신 성령과 길이요 진리요 생명이신 말씀만이 우리를 용서로 인도한다.

구약 성경의 용서를 살펴본다. "다른 해가 뒤따르게 되면, 목숨은 목숨으로 갚아야 하고, 눈은 눈으로, 이는 이로, 손은 손으로, 발은 발로 ……"(탈출 21,23-24). "동족에게 상해를 입힌 사람은 자기가 한 대로 되받아야 한다."(레위 24,19)라는 탈리오 법칙이 용서가 아니라 보복과 복수의 법칙인 듯 하지만 이에 대한 제한이 있었다. 히브리인들은 하느님께 보복의 권리를 맡겼다. "그들의 발이 비틀거릴 때 복수와 보복은 내가 할 일, 멸망의 날이 가까웠고 그들의 재난이 재빨리 다가온다"(신명 32,35).

결국 복수와 보복은 하느님에게 맡겨 둘 필요가 있었다. 그러므로 탈리오 법칙은 복수가 아니라 정의를 위한 것이다. 악을 악으로 갚는 정의의 원리를 이겨 내기 위한 첫걸음인 것이다. 하느님의 정의를 신뢰하며 그분께 심판을 맡겨 두는 것이다. 하느님께 보복을 맡기는 자역시 적의 징벌을 보기를 원할 수 있다. 예레미야도 바로 하느님의 복수를 기다렸다.

하지만 사람들이 고통을 받고 있는 현실을 어떻게 용서할 수 있나? 용서하면 고통이 없어질까? 사실 용서하지 않을 때 더욱 고통스럽다. 용서는 우리 속에서 움직이는 하느님의 행동이다. "너희가 저마다 자기 형제를 마음으로부터 용서하지 않으면, 하늘의 내 아버지께서도 너희에게 그와 같이 하실 것이다"(마태 18,35).

한국 전쟁 동안 어느 국군 포로가 미군에 의해 북한 포로수용소에서 풀려났는데 놀랍도록 건강해 보였다. 미군은 포로였던 국군에게 "얼굴이 좋아 보이는데, 혹시 별식이라도 배급받아서 드셨습니까?" 하고 묻자, 그는 대답했다. "아닙니다. 남들과 똑같은 것을 먹었습니다." 사실 그는 자신의 눈앞에서 북한군이 아내와 세 아이를 차례로 쏘아 죽이는 광경을 목격하였다. 그의 인생도 절망의 상태에서 곧바로 가족들의 뒤를 따라 갈 지경이었다.

그런데 아내와 아이들이 죽은 다음, 하느님께서 그에게 놀라운 은총을 내려 주셨다. 하느님은 용서하지 않고 여생을 분노와 괴로움 속에서 살아가느냐, 용서한 다음 자유롭고 충만한 삶을 살아가느냐 하는 선택의 기로에서, 그가 용서하는 쪽을 선택할 수 있는 용기를 주신 것이다. 그는 뱀에 물린 상처가 아니라 독이 사람을 죽인다는 것을 깨달았다. 다른 이들이 우리에게 준 상처와 미치는 해도 어느 정도에서 그치지만 우리를 망치는 것은 정말 우리 안에서 뿜어내는 분노와 원한 그리고 쓰라림의 독이라는 사실을 알아차린 것이다. 그렇게 용서하는 것이 무척 어렵지만 가장 끔찍한 환경에서도 그는 세상을 위한 자비와 용서의 탁월한 본보기를 보였다.

그 후 포로수용소에 있는 동안 그는 온갖 공포와 배고픔과 역경 그리고 죽음 속에서도 사람들이 용서를 선택하고 인생의 의미를 볼 수 있도록 돕는 데 온 힘을 기울였다. 보잘것없는 음식으로 연명하고 최

악의 환경에서 견디었지만, 용서는 그의 건강을 놀라운 정도로 보살핀 것이다. 마음을 다해 참 행복을 받아들이는 사람들에게 그리스도께서 약속하는 풍요로움과 행복을 보여 주는 아름다운 이야기이다.

용서는 자신과 사람을 알아가는 과정이고 실제로 용서하시는 분은 인간이 아니며 하느님의 선물이라는 것을 발견하는 것이다. 죄를 짓기보다 어려운 용서는 자신과 하느님을 발견하는 훈련이며 하느님에게서 받은 선물을 나누는 것이라고 할 수 있다. 아픔을 인내하는 용서가 하느님의 용서다. 일곱 번씩 일흔 번이라도 용서하라는 것은 바로 하느님과 같이 용서하는 것일 수 있다.

오늘날처럼 관계가 단절된 세상에서 자비와 용서의 본보기가 되는 일이 시급하다. 이를 위해 갈등과 단절을 겪는 이들에게 화합과 평화를 전하기 위해 우리가 할 수 있는 일들을 하고, 억압받는 이들을 뒤에서 도와야 한다.

자비의 영성가 교황 프란치스코

프란치스코 교황은 평화는 "정의의 결과"(이사 32,17 참조)라며, "나가라! 삶의 변두리로……, 고통을 직시하라, 중립 없다."라고 말씀하였다. 그리고 정의는 자제와 관용의 덕목이 동반하는 수양이 요구된다고 강조한다. 정의는 우리가 과거의 불의를 잊지는 않되 용서와 관용과 협력을 통하여 그 불의를 극복하라고 요구한다.

우리는 매사에 일어나는 일이나 사람과의 관계에서 옳고 그르다는 '판단이 앞선다.' 하지만 교황은 사람에게 판단을 내려놓고 고통 받는 자들을 품고 또 품어 주는 용서의 사랑을 올려놓으신다. 그런데 분명히 바라보아야 하는 것은 진실이라고 말씀한다.

『사람은 혼자서는 살 수 없습니다.

프란치스코 교황은 벽을 허물고 세상 밖으로 나가 대중과 소통하는 분입니다.

기존의 교황들에게서 익숙하게 보았던 방탄차를 프란치스코 교황의 한국 방문 기간 동안에는 볼 수 없었습니다. 방탄유리로 둘러 싼 차 안에서 창문 밖으로 손을 흔드는 모습도 볼 수 없었습니다.

경호팀의 우려에 대해 그는 "언제든 미친 사람이 있을 가능성은 있다. 그렇다고 벽으로 둘러싸고 그 안에만 있다면 그게 더 미친 것이다."라고 답했습니다. 또 "교회 밖으로 나가라. 밖에 나가면 거리의 사람들이 가끔 사고를 당하듯이 그런 사고를 당할 가능성이 있지만, 그렇다고 나가지 않으면 더 큰 병이 든다."라고 말한 것처럼 자신도 늘 거리에 있었습니다.

경호원들의 역할도 사람들의 접근을 막는 것보다 더욱 잘 소통하도록 돕는 데 있었습니다. 교황의 손이 닿지 않은 곳에서 손을 내미는 아이를 보듬어다가 교황의 강복을 받을 수 있도록 데려다 주느라 경호원들도 몹시 분주했습니다.

교황은 이동 중 차에 타자마자 창문부터 열고 창밖의 사람들에게 인사할 준비를 했으며, 하루 일과를 마치고 숙소로 사용했던 교황대사관에 내리자마자 자신을 위해 운전을 해 준 기사와 경호원에게 꼭 인사를 건넬 정도로 모두에게 미소와 인사를 건넸습니다.

교황은 로마에서 바티칸 궁이 아니라 성녀 마르타의 집, 곧 게스트 하우스를 사용하고 있습니다. 마르타의 집에서 공동 식당에 내려가 식판을 들고 줄을 서서 배식을 받아 밥을 먹습니다. 그 이유에 대해 그는 "사람은 혼자는 살 수 없기 때문입니다."라고 말하였습니다.

방한 기간 중에도 계속 그는 '사람은 더불어 살아야 한다.'라는 메시지를 행동으로 보여 주었습니다.』[9]

프란치스코 교황은 2014년 8월 16일 한국 수도 공동체들과의 만남에서 수도자는 하느님 자비의 '전문가'가 되어야 한다고 말씀하셨다. "여러분 수도회가 카리스마가, 관상을 지향하든 활동 생활을 더 지향하든, 여러분의 과업은 바로 공동체 생활을 통하여 하느님의 자비에 대한 전문가가 되는 것입니다. 여러분의 정결, 청빈, 순명은 하느님 자비의 반석 위에 굳건하게 머무는 그만큼, 하느님 사랑에 대한 기쁜 증언이 될 것입니다. 하느님의 자비가 반석입니다."

프란치스코 교황의 칙서 『자비의 얼굴』을 통해서 자비를 만나 본다. 자비는 인간의 죄에도 불구하고 하느님과 연결하는 사랑과 희망의 다리이다(2항). 자비는 늘 어떤 죄보다 크다. 토마스 아퀴나스는 하느님의 자비가 약함보다 전능의 표지라고 말한다. 구약은 하느님의 본질을 인내와 자비로 가득히 묘사한다. 하느님의 자비는 추상적 이념이 아니라 하느님의 사랑을 구체적으로 계시한다(6항).

하느님의 자비는 이스라엘을 당신의 구원 역사로 초대하고, 아버지

---

9) 졸저, 2014 KOREA 프란치스코 메시지, 하양인, 2015, 41.

의 자비로운 시선을 선사한다. 수난 전 예수는 자비의 시편을 기도하였고, 자비의 빛으로 파스카 희생과 그 영원한 기억의 성체성사를 세웠다. 자비와 함께 예수는 수난과 죽음으로 들어갔다(7항). 자비는 용서를 통해 위안을 가져다주고 사랑으로 마음을 채우며, 모든 것을 이겨낸다.

자비는 교회 삶의 기초이다. 교황은 교회의 사목 활동이 모두에게 온유할 것을 요청한다. 교회의 신뢰는 자비와 연민의 사랑을 얼마나 보이느냐에 달렸다. 하지만 자비를 실천하는 길을 잊은 지가 오래된 듯하다. 오직 정의에 초점을 두는 유혹은 자비가 먼저 필요한 것임에도 불구하고 그것을 잊게 만든다. 교회에 자비가 없는 삶은 사막처럼 황폐하다(10항).

교회는 하느님의 자비를 선포하도록 위임받았다. 쇄신된 사목 활동의 주제도 자비이고, 새로운 복음화의 과업에서 교회는 자비를 증거하는 신뢰와 책임을 보여야 한다.

마태오 복음을 보면 포도밭에서 아침 아홉 시쯤부터 노동을 한 사람이 정당한 삯으로 한 데나리온을 받았다. 다시 열두 시와 오후 세 시쯤부터 포도밭 일을 한 사람들 뿐만 아니라 오후 다섯 시쯤부터 일을 한 이도 한 데나리온씩 받았다. 포도밭 주인의 계산법은 일꾼들과 아주 다르다.

"내 것을 가지고 내가 하고 싶은 대로 할 수 없다는 말이오? 아니면 내가 후하다고 해서 시기하는 것이오?"(마태 20,15)

포도밭 주인은 한 시간 노동의 값이 아니라 그의 식솔들이 먹고 사는 생명을 위한 한 데나리온을 지불한 것이다. 가족들과 함께 먹고 사는 값, 이것이 하느님의 사랑의 계산법, 자비이다.

교황은 삶이 돈에 달려 있지 않고, 돈과 대비해서 다른 것의 가치 또는 존엄성이 결여된 것을 생각하는 처절한 올가미에 빠지는 착각을 하지 말 것을 요청한다. 돈은 우리에게 행복을 가져다주지 않고, 누구도 피할 수 없는 하느님의 심판에 처하게 한다. 부패는 희망의 미래를 바라보는 우리를 방해하고, 무모한 탐욕으로 우리의 계획을 약화한다. 그것이 악인데, 악은 그 자체로 퍼지고, 큰 스캔들로 매일 삶의 행동 속에 개입한다. 부패는 돈이 힘의 형태로 드러나는 착각이고, 하느님을 배반하는 마음이 범죄로 경화되는 어두움의 작업이다(19항).

정의와 자비는 싸우지 않는다. 정의와 자비는 두 개의 반대 현실이 아니라, 하느님 사랑의 충만 속 정점에 드러나는 유일한 두 차원의 현실이다. 성경에서 정의는 하느님의 계명들과 일치하는 선한 이스라엘의 관습이고, 율법의 충만한 준수로서 이해된다. 하지만 이 시선은 그 본래 의미를 파괴하는 율법주의가 된다. 성경에서 정의는 하느님의 뜻을 믿음으로 받아들이는 것이다. 예수는 수차례 법 준수를 넘어 신앙의 중요성을 말한다(마태 9,13). 예수는 정의의 시선으로 용서와 구원을 제공하고, 죄인을 찾는 자비의 위대한 선물을 계시한다.

성 바오로는 정의가 아니라 신앙을 첫 자리에 놓는다. 구원은 율법 준수가 아니라 의화 하는 자비로 구원을 가져다주는 죽으시고 부활하신 예수 그리스도의 신앙을 통해서 온다(갈라 2,16). 하느님의 정의는 죄의 노예들과 억압된 이들에게 해방하는 힘이 된다. 하느님의 의로움은 그의 자비이다(20항). 자비는 의로움의 반대가 아니라 오히려 죄인에게 도달하는 하느님의 길로 표현된다. 그리스도를 바라보는 새로운 기회 곧 회개를 죄인에게 제공하는 것이다.

성 아우구스티누스는 "자비보다 분노를 멈추게 하는 것은 하느님께 더 쉽다."라며, 하느님의 분노는 순간이나 그의 자비는 영원하다고 말한다. 하느님이 자신을 오직 정의로 제한한다면, 하느님으로 존재하기를 멈추는 것이다. 정의만으로는 충분하지 않다. 하느님은 자비와 용서로 정의를 넘어 간다. 하지만 하느님은 정의를 거부하지 않고, 오히려 참 정의의 기초로서 사랑을 경험하는 위대한 사건과 함께 그것을 감싸고 능가한다(로마 10,3-4). 하느님의 정의는 예수 그리스도의 죽음과 부활로부터 흘러나오는 은총으로 주어진 자비이다. 그리스도의 십자가는 우리와 온 세상에 대한 하느님의 심판이며 그것을 통해 사랑과 새 생명의 확신을 제공한다(21항).

자비는 "하늘의 너희 아버지께서 완전하신 것처럼 너희도 완전한 사람이 되어야 한다."(마태 5,48)라는 말씀을 담고 있다. 하느님의 용서는 한계를 알지 못한다. 교회는 성인들의 통공 안에서 산다. 성체성사에서 이 일치가 하느님으로부터 오는 선물로서 성인들과 우리를 묶어 주는 영적 결합이 된다(22항).

자비의 샘은 마르지 않고, 많은 사람이 자비에 다가가도 문제가 없다. 교회는 자비를 확장하는데 결코 지치지 않고, 연민과 위로를 제공하면서 인내한다. "기억하소서, 주님, 먼 옛날부터 베풀어 오신 당신의 자비와 당신의 자애를"(시편 25,6)(25항).

제6부
—

사랑은
눈물입니다

제6부

사랑은
눈물입니다

행복하여라, 슬퍼하는 사람들!(마태5,4)

2014년 8월 14일~18일 프란치스코 교황이 한국을 방문하였다. 오픈
카를 타고 환한 미소로 손을 흔들어 주시는 교황을 바라보는 사람
들은 기쁨으로 "비바 파파!"로 환호하였다. 그러다가 교황을 가까이
에서 만난 사람들은 한결같이 울음을 터뜨렸다.

베네딕토 16세 교황은 슬픔을 두 가지로 바라본다. 하나는 희망을
잃은 슬픔이고 또 다른 하나는 사랑에 감동 받아오는 슬픔이다. 교
황은 첫 번째 슬픔에 빠진 대표적인 인물을 복음은 유다 이스카리옷
이라고 언급한다. 두 번째 슬픔은 인간을 참회로 이끌고 악에 맞서게

한다. 결국 인간을 치유하는 슬픔이다. 이 슬픔을 겪은 인간은 다시 사랑할 수 있고 희망을 할 수 있다. 이를 겪은 대표적인 인물은 베드로이다. 슬픔을 겪고 나면 새 사람이 된다는 것을 알 수 있다. 슬퍼하는 이들은 고통을 당하지만 하느님이 옳다고 증언한다. 그래서 이들은 현실과 악의 권세에 눌려 슬픔을 겪지만, 하느님의 사랑을 믿고 그 사랑을 삶으로 증언할 수 있는 내적 상태를 만난다.

그럼에도 불구하고 "행복하여라, 슬퍼하는 사람들! 그들은 위로를 받을 것이다."(마태5,4)는 가장 역설적인 선언이다. 다른 사람들의 시선으로 볼 때 이들은 행복한 사람이 아니라 불행한 사람들이다. 무엇인가 있어야 할 것이 없는 사람들이고, 그래서 삶이 괴로운 사람들이다. 그들은 세상이 불완전하다는 것을 알고 있다. 그들은 세상이 완성될 날을 기다리고 있다.

하지만 슬퍼하지 않는 사람들은 지금 이 상태가 충분히 좋다고 여기는 사람들, 이것으로 만족할 수 있다고 여기는 사람들이다. 이들은 지금보다 더 나은 무엇을 바라지 않는다.

눈물을 바라보라 눈물은 선물이다

눈물은 선물이라고 말할 수 있다. 사랑이 눈물의 씨앗이라는 옛 대중가요의 노래 제목처럼 눈물은 상실과 슬픔의 순간에 눈물로 우리를 치유해 준다. 눈물은 치유약이다. 죄는 나를 더욱 슬프게 한다. 하지만 슬픔과 눈물은 자비를 가지게 한다. 죄나 실패로 인한 슬픔을 통해 우리는 올바른 길을 갈 수 있다. 사막 교부들도 눈물의 은총을 매우 강조하며 꾸준히 기도할 것을 권고하였다.

배고픔과 슬픔 그리고 그로인한 불만족은 육적인 것만이 아니라 영성 생활에서도 큰 영향을 준다. 특히 실수한 자신의 삶이 그 배고픔과 슬픔 그리고 고통과 불만족을 선택할 수밖에 없을 때 더욱 그러하다.

불만족의 종류는 매우 다양하게 나타난다. 식당에서 음식을 먹을 때 자신에게 만족스럽지 못한 요리라면 다른 식당으로 가서 항상 만족한 음식을 먹을 수 있다. 각자 자신이 하고 있는 직업에 불만족할 때도 역시 그것을 바꾸기 위해 다른 일을 찾을 수 있다. 그렇다고 모든 것이 다 이렇게 자신의 불만족을 해결할 수는 없다. 날씨가 만족스럽지 못하다고 해서 흐린 날씨를 맑게 자신이 원하는 데로 할 수 있나? 아무것도 할 수 없다. 루카복음 15장의 작은 아들이 "모든 것을 탕진하였을 즈음 ……. 그가 곤궁에 허덕이기 시작하였다"(루카 15,14). 작은 아들의 불만족을 자기 몫의 재산으로도 충족할 수 없었다.

오늘날 우리 사회는 불황, 불경기, 경제, 정치의 양극화 등 여기저기에서 불만과 갈등과 슬픔 그리고 고통이 밀물처럼 다가온다. 이 같은 슬픔과 갈등은 사람의 관계를 망가뜨리는데, 친구와 가족 그리고 누구와의 관계도 단절시키면서 결국 자기 자신의 내면까지 쓰러뜨린다.

그러나 슬픔과 불만족이 긍정적인 가치를 지니기도 한다. 곧 만족스럽지 못한 자신의 삶을 다시 돌아볼 수 있도록 인도한다. 복음은 이것을 소위 회개, 보속이라고 부르고 있고, 이것에서 진정한 기적의 힘이 나온다.

"여인아, 왜 우느냐?"(요한 20,13) 사랑했던 자의 무덤 앞에서 누가 울지 않겠는가? 울음은 슬픔의 표현이지만, 또한 삶의 상징이다. 무덤 안에 누워 있는 사람은 더 이상 살아 있지 않지만 그분과 함께 우리들의 관계는 살아 있다. 그분은 우리 기억 속에 살아 있다. 죽음은 기억들을 없애지 않는다. 오히려 힘을 준다. 어떻게 죽은 자와 말을 할 수 있겠는가? 죽은 영을 불러 말하게 한다는 우리 삶에 유익하지 않은 유혹으로 사람들을 공포에 떨게 한다. 그러나 부활 신앙만이 사람의 부재에 대한 위로를 준다. 여인이여! 왜 우느냐? 곧 알게 될 것이다. 이제 울지 않을 이유를 ……. 주님은 부활하셨다.

신앙생활, 영성 생활에서 늘 기쁨과 즐거움만 체험되지 않는다. 슬프고 또 슬픈 고통과 황량함에 대해서도 솔직히 말할 수 있어야 한다. 회심의 시간이다. 슬픔으로 자신에게 있는 그대로 시선을 둘 수 있는 때이다. 혹시 그리스도께서 우리를 잊으신 것은 아닐까? 심리적으로 나는 홀로 버려진 것은 아닐까? 기도해도 그리 유익하지 않고, 영적 독서를 해도 그 밥에 그 나물이고, 전례에도 흥미나 감동이 떠난 지 오래되었고, 모든 영성 생활이 착각과 환상인 듯 그런 경우를 만날 수 있다. 자! 그러면 어떻게 할 것인가? 무엇을 어떻게 처신할 것인가? 주님께서 말씀하신다. "조금 더 있으면 나를 보게 될 것이다."

용기를 내고 확실하게 믿음으로 조금 더 있어라.

이와 같은 시도만이 오직 힘들고 어려운 시간을 지나가게 할 것이다. 무력하고 힘든 시간이 조금 더 있으면 하느님의 시간 행복한 시간이 될 것이다. 이렇게 용기를 주신다. 이런 경험을 우리보다 먼저 살아간 위대한 수도자, 성인들도 경험하였다.

사순 시기가 지난 다음 부활 시기가 오듯이, 고통 후에 위로가 오며, 비 온 후에 하늘이 맑은 것은 바로 이러한 이치이다. 어떤 점에서 단순하게 모든 것은 쉬어 보인다. 기도가 맛이 나고, 사랑 실천이 우리에게 기쁨을 준다.

산행을 할 때 오르는 어려움은 정상을 향해 간다는 목표 때문에 이겨낼 수 있다. '조금 있으면' 정상에 오를 수 있는 희망과 기대에 가득 차 있다. 그런데 정상에서 내려올 때 그것도 마지막 부분에서 정말 쉽지 않음을 느낀다. 인생에 있어서도 마찬가지로 마지막 노년을 잘 준비해야 함을 느낀다. 나이는 아픔과 병만을 선물한다는 말이 있다. 우리의 목표는 직관 곧 '아버지께 가는 것'이다. 우리가 살아가는 이 '시간은 짧지만 영원성은 가까이 있다.' "내가 아버지께 가기 때문이다"(요한 16,17).

너희의 근심은 기쁨으로 바뀔 것이다.

행복하여라, 지금 우는 사람들! 너희는 웃게 될 것이다!(루카 6,21) 예수님도 고통을 당하셨다. 죽도록 근심에 쌓여 계셨다. "내 마음이 너무 괴로워 죽을 지경이다. 너희는 여기에 남아서 나와 함께 깨어 있어라"(마태 26,38).

예수님께서 하느님 나라의 행복을 말씀하시는데 세상의 현실을 보면 고통스럽고 슬픈 현실이 너무도 많다. 그래서 사람들은 하느님에게 원망하고 질문하며 따지고 싶은 마음을 지니고 산다. 전능하신 하느님께서 왜 이렇게 고통을 방치하고 계실까?

하지만 내게 다가온 고통을 잘 알아차리는 것 곧 고통 그 자체보다 고통의 현실을 제대로 보는 게 매우 중요하다. 고통의 출발점을 정확하게 바라보아야 한다. 내 삶의 습관 또는 사회 구조의 악에서 고통이 출발하는가를 직시해야 한다.

내게서 시작한 고통을 그저 하느님의 탓으로 돌리는 것은 아닌지, 나의 실수, 나태, 참을 수 없는 생활이 그 출발점은 아니었는지? 그럼에도 불구하고 슬픔과 고통이 태어나기도 하는 것을 우리는 안다. 결국 고통에 순응하지 말고, 또 고통에 저항할 것은 해야 한다. 하지만 본질적으로는 고통의 뿌리를 알아차려야 한다. 그래서 그 뿌리를 뽑아야 한다면 뽑고, 기다려야 한다면 기다림이 필요하다. 이러한 모든 것을 인정하는 자에게 하느님은 위로를 약속하신다.

그렇다. 고통으로 아파하기도 하지만 더 중요한 것은 고통을 정확하게 바라보는 것이다. 그래서 이겨낼 고통도 있지만 건전한 고통, 나를 성장하는 고통, 밀어주는 고통, 복된 고통도 있을 수 있기 때문이다. 그런 사람에게 예수님께서는 위로와 행복을 주신다.

하느님께서도 이 세상의 고통을 보시고 슬퍼하신다. 그리고 우리 자신의 고통을 보고 괴로워하신다. 우리도 이런 고통을 통해서 하느님께 가까이 갈 수 있는 길을 만난다. 하지만 고통을 무조건 참거나 회피하지 않고 그것을 똑바로 바라보면서 그 뿌리를 찾아 뽑을 건 뽑고, 견딜 것은 견뎌야 한다. 그것이 진정한 나를 위한 참회고 변화인 것이다. 이렇게 참회를 느끼고 기도할수록 우리는 고통과 슬픔 속에 숨어 있는 축복과 희망을 발견할 수 있다. 이 세상 고통, 받을 영광에 비해 아무것도 아니기 때문이다. "장차 우리에게 계시될 영광에 견주면, 지금 이 시대에 우리가 겪는 고난은 아무것도 아니라고 생각합니다"(로마 8,18).

"우리가 울고, 슬픔에 잠겨 있으리라." 하고 예언하여 그렇게 고통을 느낄 것을 미리 알리는 것은 위로가 아니다. 인간은 본디 울면서 태어나고 엷은 미소를 띠면서 생을 마감한다. 인간은 슬픔과 기쁨 속에 살아가는 존재이다. 곧 인간은 슬픈 기쁨, 기쁜 슬픔을 사는 존재이다.

옛 격언에도 "당신이 태어날 때, 당신은 울었지만, 당신을 둘러싸고 있는 다른 사람들은 웃는다. 죽음의 순간에서도 모두들 당신 앞에서 울고 있지만, 당신만은 고요히 웃고 있다."라고 말한다.

새로운 사람이 태어나면서 소리치며 울음을 터뜨리는 것은 새 환경과 함께 충격에 대한 반사적인 행동이라고 말한다. 그러나 인간 삶에서 울음이 어찌 태어날 때만 있을까? 울음은 수없이 우리 삶 안으로 도달한다.

걱정하지 마시오! 우리는 한 번 울음의 회개만으로 그리스도인이 되지 못할 것이다. 우리는 지속적으로 일생을 통해 회개하는 삶을 살게 된다. 진실로 예수를 따를 때 근본적인 변화를 만나게 될 것이다. 물론 그럼에도 우리 주변의 가장자리 속속들이 차 있는 고통과 슬픔을 치유하지 못하더라도 우리는 그것을 이겨낼 신앙을 가지고 있기에 절망하지 말아야 한다. "너희는 울며 애통해 하겠지만 세상은 기뻐할 것이다"(요한 16,20).

"아이를 낳으면, 사람 하나가 이 세상에 태어났다는 기쁨으로 그 고통을 잊어버린다"(요한 16,21). 영성 생활에서도 위와 같이 무통 분만의 과정과 유사하게 적용될 수 있다. 슬픔과 기쁨이 교차하면서 인간의 영적인 성장이 이루어진다. 이 같이 영성 생활에서 성장은 인간의 자연적인 삶과 직결되어 있다. 모든 인간 삶의 여정에서 울음과 슬픔 그리고 고통이 동행하겠지만 예수 그리스도 우리 주님의 위로와 사랑으로 곧 기쁨이 될 수 있다. 이같이 그리스도께서는 우리에게 특별한 위로를 늘 주신다.

예수 그리스도께서 우리에게 보증해 주시는 말씀은 바로 이 땅에서 우리가 겪는 고통은 짧을 것이라는 것이다. 그러나 우리 그리스도인의 죽음이 끝도, 어떤 붕괴도, 어떤 형 집행도 아니며 오직 새로운 삶으로 순례하는 결정적 여정의 길이라고 주님은 말씀하신다. "그날에는 너희가 나에게 아무것도 묻지 않을 것이다"(요한 16,23).

행복하여라 슬퍼하는 사람들

슬퍼하는 사람은 행복하다. 슬픈 마음의 긍정적 효과를 만나 본다. 슬픈 감정이 없어야 행복한 것은 아니기 때문이다. 슬프고 화나는 감정의 노예가 되지 않는 것이 행복의 첫걸음이다. 하지만 감정을 없애는 것이 아니라 조절하는 것이 중요하다. 슬픔은 나 자신과 친해질 가장 좋은 기회가 된다. 감정을 제어하면 두려움을 이길 수 있다.

이별의 슬픔을 맛보았는가? 슬퍼하는 자는 누구일까? 참회하는 자일까? 괴로운 사람일까? 고통스러운 사람일까? 세상에 대한 슬픔인가? 사람은 왜 슬퍼할까? 세상의 죄악을 보고 슬퍼하나? 자신의 죄를 보고 슬퍼하나? 슬픈 역경을 직시해 보라. 사람은 하느님께 가까이 갈수록 참회한다. 기도할수록 눈물이 난다. 마음이 찔려도 눈물이 난다. 뉘우치고 참회하는 것은 하느님을 사랑하기 때문이다. 죄를 인식하는 것은 하느님의 용서를 깨달을 때, 나오는 감사의 눈물이다. 마음이 녹아나는 과정에서 슬픔 곧 치유의 눈물이 흐른다.

하지만 눈물보다는 현실을 제대로 보는 것이 중요하다. 하느님 나라의 행복을 바라면서 세상의 현실을 보면 너무 슬픈 현실이 많다. 하느님을 원망하고, 묻고, 따지고 싶은 마음이다. 슬픔과 고통이 의미하는 것을 바라보는 것이 중요하다. 슬픔이 무엇을 말하고 있는지 알아차려야 행복의 걸음을 내딛는다. 건전한 슬픔, 나를 믿어 주는 슬픔, 복된 슬픔이 될 것이다.

사람이 살아가는데 필요한 안내서, 도덕은 의식적인 것과 무의식적인 것으로 조심스럽게 구분된다. 초기 그리스도교회에서 참회의 기도 역시 '의식적 그리고 무의식적인' 잘못에 대한 용서를 구한다. 양심 성찰, 마음 성찰, 의식 성찰, 영혼의 돌봄을 하는 기도이다.

나약해서 죄를 지은 자는 자신을 정당화하지도 못한다. 그러니 의식과 무의식적인 움직임들을 나약함과 혼동하지 말아야 한다. 하나의 죄와 또 다른 죄 사이에는 완전히 다른 세상이 있기 때문이다. 그럼에도 불구하고 무의식적인 죄로부터 자신을 관면할 생각은 하지 말아야 하니, 우리가 자신의 마음의 상태에 대해서 책임이 있기 때문이다. 따라서 회개한 죄인이 갖는 영적인 노력은 감정의 정화라는 특성을 띤다.

영성가들은 악한 행동에 대한 개인의 책임을 논함에 있어서 악마도 세상도, 악한 생각도 강한 열망도 죄를 설명하는데 충분한 이유가 되지 못함을 얼마나 빈번히 그리고 강경하게 주장했는지 모른다. 죄란 눈 안에 있는 것도 그 어떤 신체 부위에 있는 것도 아니며, 오로지 사악한 의지 안에 있다. 죄는 항상 우리 자유의지의 활동이다. 저항하라 그러면 타락하지 않을 것이다.

행복하여라, 회개하는 사람

자신의 마음과 영혼을 알아차려야 행복하다. 자기 자신을 제대로 바라보아야 한다. 그러면 누구나 행복할 수 있다. 실패에 대한 두려움을 떨쳐야 한다. 행복의 가장 큰 적은, 자포자기이다. 그보단 자기 포기의 원인을 찾는 것이 중요하다. 성경에서 회개의 본질적인 요소들은 다음과 같다. 속죄, 회심, 고해 혹은 자신을 열기, 세례, 사죄 혹은 화해, 그리고 구원의 정제(錠劑) 등이다.

회개는 먼저 '죄를 인식하고 잘못을 비난하며 자신을 탓해야 한다.' 회개는 우리가 자신의 행동을 돌이켜 볼 수 있는 능력이다. 이른바 우리가 얼마나 인간다울 수 있는지를 보여주는 것이다. 서방의 그리스도교가 영혼은 '최소한 순간적으로라도 그 사람을 기쁘게 했던 지난 행동'에 대해서 판단을 한다고 하였다. 동방의 그리스도교는 그 사람의 '행동'보다는 그 사람의 '상태'에 더 관심을 두었다. 그런 맥락에서 '내가 죄인이다.'라는 느낌이 '내가 죄를 지었다.'는 사실보다 더 중요하다.

또한 마음과 영혼의 상태가 감정을 통해 표출되므로 동방의 수도자들은 눈물이나 슬픔 같은 감정적 신호를 중시하였는데, 그런 감정적 신호들 뒤에는 과거에 대한 평가가 따르기 때문이었다. 이러한 자책은 복음의 전체적 흐름, 즉 하느님 나라에 관한 설교(마르 6,12)에 녹아들어 있다. 따라서 믿음의 성장은 회개의 정신과 직결된다.

눈물의 세례는 곧 참된 성령의 세례이며, 인간이 빛을 받는 깨달음이다. 믿음이 미래에 대한 결심을 내포하고 있는 것은 당연하다. 내적 회심을 목표로 하는 '회개하다(metanoein)'는 실질적인 태도의 변화를 뜻하는, '되돌아오다'라는 동사를 사용한다. 회개는 '새로운 삶을 위하여 하느님과 만나는 것'이며, 선함을 향한 결심이다. 회개는 '희망의 딸'이며, 모든 죄의 용서를 보장해 준다. 그러나 회개를 개인적 참회로 한정하는 것은 적절치 못하다. 참으로 죄란 한 인간의 모든 차원에 영향을 미치는 행위이니, 죄는 그 사람과 교회 공동체와의 근본적 관계에까지 영향을 미친다. 3세기 이후부터 회개 의식과 관련된 정보가 전해지고 있는데, 화해, 기도, 안수 등이 이에 포함된다.[10]

회개와 용서를 위한 청원 기도다. 죄의 용서를 얻는 9가지 방법을 열거해 본다.

1) 험담, 비난을 하지 말 것, 2) 잘못을 용서하기, 3) 겸손, 4) 눈물, 5) 기도, 6) 적선과 자비 실행, 7) 참된 믿음, 8) 질병과 고난, 9) 끊임없는 기도.

여러 실천 사항 가운데 특히 적선과 하느님의 자비를 모방하는 것이 가장 선호되었으며 가장 빈번하게 언급되었다. '당신에겐 눈물이 없습니까? 가난한 이들에게서 눈물을 사십시오. 슬픔이 없습니까? 가난한 이들을 불러 당신과 함께 애도해 달라고 하십시오. 당신의 마음이 굳어져 슬픔도 눈물도 없다면 적선하여 가난한 이들로 하여금 당신과 함께 울도록 초대 하십시오.' 참회는 사랑의 표현이며 표시이다. 애덕은 그 본질로써 모든 죄를 멸한다.

마음을 돌아보면 행복하다

사막의 교부들은 고백한다. "한 인간이 길을 잃어 헤매고 있을 때, 만약 그가 나는 죄를 지었다."라고 말한다면 그의 죄는 즉시 사라진

10) 토마스 슈피드릭, 그리스도교동방영성, 가톨릭출판사, 2014, 332-336.

다. 하지만 잘못이 씻겨 지더라도, 눈앞에 그 똑같은 잘못을 두고 가야 한다.[11] 따라서 양심의 가책(Penthos)은 회개(悔改)보다 훨씬 더 멀리 간다. 죄를 용서 받았다면, 그 죄를 낱낱이 기억해 내지 말아야 한다. 참회(Penthos)는 특별한 죄를 기억하는 것이 아니다. 더 보편적인 양심의 가책을 말한다. 심리학적으로 보자면 그것은 눈물 없이는 얻을 수 없다. 반면 참회에는 감정이 필요가 없다.

양심의 가책은 '슬퍼하다'(마태 5,4)에서 유래된 것이다. 양심 성찰은 일반적으로 바람직한 것을 빼앗겼을 때 느끼는 영혼의 슬픈 성향을 말한다. 그리스도교 양심의 가책은 스스로의 잘못으로 혹은 다른 이에 의해서 상실된 구원을 애도하는 것이다.

사람은 이 세상 그 어떤 것에 대해서도 슬퍼해서는 안 된다. 오로지 죄에 대해서만 슬퍼해야 한다. 그리스도인 완덕의 단계에서 눈물을 흘리는 세 가지 경우를 구분한다.

사람의 눈물은 하느님 앞에서 기도하면서 흐른다. 가난에 대한 불안, 불행에 대한 기억, 부부 갈등과 위기, 자녀에 대한 걱정, 갑 질로 당하는 고통, 집에 대한 걱정, 죽은 친척들에 대한 기억, 등등. 이러한 생각들로 인해 계속 괴로워하고 그로 인해 슬픔이 생기고 이러한 슬픔으로부터 눈물이 나온다.

정신적 단계에서 기도하는 순간 흘리는 눈물은 다음과 같다. 심판에 대한 두려움, 죄로 인해 짓눌린 양심의 가책, 자신에게 베풀어 주

---

11) 같은 책, 342.

신 하느님의 선하심에 대한 기억, 죽음에 대한 묵상, 다가올 것들에 대한 약속 등이다.

영적인 단계에서 사람의 눈물은 다음과 같은 생각들에 의해 결정된다. 전능하신 하느님에 대한 감탄, 그분의 심오한 지혜 앞에서 경외심, 등인데, 이러한 눈물은 슬픔에서 나오는 것이 아니라 강렬한 기쁨에서 온다. 그렇다면 양심의 가책의 효과와 그것을 얻는 법은 무엇일까? 한 방울의 눈물이 과오의 화로를 꺼뜨리고 죄의 독을 씻어낸다. 양심의 가책의 시작은 자신을 아는 것이다. 그러므로 하느님에 대한 두려움에서 나오는 눈물은 영원히 지속된다.

참회에는 세 단계가 있다. 첫째, 참회의 은총을 청한다. 둘째, 눈물을 흘린다. 셋째, 사랑에 일치한다. 우리는 죄 때문에 생긴 고통을 알아차리며 죄의 결과를 피하지 말고 똑바로 바라보아야 한다. 도벽이 심한 아들을 자칫 어설프게 눈감아 주는 것은 용서가 아니라 중독으로 가는 길을 열어 주는 셈이다. 잘못을 인정하는 도벽은 용서의 대상이지만 심한 도벽은 치료의 대상인 것이다. 그것을 똑바로 직시해야 한다.

참회를 위한 첫 번째는 예수님께 참회의 은총을 청하는 기도이다. 주님 앞에서 자신의 잘못과 죄로 이웃에게 준 고통을 느끼도록 은총을 청한다. 하지만 지은 죄와 받은 상처에 지나치게 집착하거나 무뎌지는 것을 경계하면서 은총을 청한다. 상처와 죄의 흔적을 죄책감과 죄의식으로가 아니라 의롭게 살아가게 되었다는 차유된 희망의 표징으로 바라보아야 한다. 상처는 죄의 흔적이고 동시에 용서와 축복의 표지이다. 참회의 은총을 구하는 기도는 죄의 비극적인 결과에 민감한 마음을 깨닫는 것이다.

두 번째 단계는 눈물을 흘릴 수 있도록 성령께 의탁하는 청원 기도다. 기도할 때 우리는 자신의 죄로 생기는 고통과 사람들의 죄가 만드는 고통 때문에 눈물을 흘릴 수 있도록 성령께 청한다. 곧 무딘 마음 안에 갇혀 있는 괴로움과 절망을 울음으로 빠져나올 수 있도록 청한다. 눈물은 잘못을 닦아 주고 고통을 씻어낼 힘을 준다. 예수님은 십자가상에서 참회하는 죄수의 뉘우침과 눈물을 받아 주신다. 그는 "예수님, 선생님의 나라에 들어가실 때 저를 기억해 주십시오."(루카 23,43) 하며 진심을 담아 참회한다. "너는 오늘 나와 함께 낙원에 있을 것이다."(루카 23,43) 하고 말씀하시며 예수님은 참회하는 그에게 사랑으로 위로하고 하느님의 나라에 함께 계실 것을 약속한다.

세 번째, 사랑에 일치하라. 은총과 눈물로 변화된 자신을 사랑에 맡긴다. 참회는 사랑이신 하느님과 일치하는 특별한 길이다. 우리는 이 길을 통해 전에 알지 못한 사랑의 하느님을 만난다. 사랑의 성령께서 다시 굳건한 마음으로 우리를 이끄신다. 성령은 당신 사랑으로 상처 입은 마음과 영혼을 어루만지고 힘을 주시며 마음과 영혼의 감옥을 넘어가도록 도우신다. 성령은 부서진 마음을 끌어올리고 죄와 상처로 얼룩진 마음과 영혼의 상처를 치유하며 기쁨의 원천이신 예수님께 방향을 향하도록 도우신다. 우리가 걷는 참회는 심리적 위로와 치료뿐 아니라 더 넓고 큰마음과 영혼을 사랑으로 새롭게 하기 위한 것이다.

악한 생각들이란?

모든 생각이 다 악한 것은 아니다. 모든 생각이 하느님을 아는 데에 장애가 되는 것은 아니기 때문이다. 오로지 성급함과 육욕적인 힘으로부터 마음을 공격하는 생각, 그리고 본성에 반대되는 생각만이 악하다. 악한 생각은 '죄의 씨앗'이지만 미덕의 근원은 선한 생각이다. 따라서 마음속에 선한 생각을 길러야 한다. 순수한 생각과 순수하지 못한 생각으로 구분하였다. 악한 생각들이란? 악마와 같은 열정적이고 부정적 의미에서 인간적인데, 특히 자기 자신의 의지와 생각만을 말한다.

이제 자신을 알아차리는 여정에서 여덟 가지 악한 생각을 구체적으로 살펴본다. 영의 식별에서 에바그리우스는 모든 악마적인 생각들이 영혼 안에 감각적인 개념들을 불러들인다고 말하였다.

다음의 여덟 가지 주된 악한 생각들에서 다른 생각이 생겨난다. 탐식, 간음, 돈을 좋아함, 불만족, 분노, 낙담, 허영, 교만이다. 여덟 가지 주된 악의 생각들, 곧 악덕의 분류는 그리스도께서 겪은 세 가지 탐식, 탐욕, 허영의 순서로 이어지는 유혹에 그 뿌리를 둔다고 에바그리우스는 말했다.

8세기 서방 그리스도교의 대 그레고리우스 교황은 악덕에 대해서 카시아누스의 용어를 채택하였다. 낙담 대신 질투를 사용하고, 교만을 삭제해서 7개 목록으로 줄었다. 후에 허영과 교만이 합쳐져, 13세기 서방 그리스도교에서 7죄종(교만, 질투, 인색, 분노, 탐욕, 음욕, 나태)으로 구분되었다. 하지만 여덟 가지와 일곱 가지의 목록의 차이는 작다. 슬픔 대신 사용된 질투는 다른 사람이 잘 되는 것을 슬퍼하는 일종의 슬픔이다. 낙담 대신 나태가 주로 사용된 것도 낙담의 특정 부분이 강조된 것이다. 서방 교회의 라틴 목록은 교의적 관점, 동방 교회의 목록은 심리학적 관점에서 나왔다. 이것이 영성가들의 실질적인 가르침에서 여덟 가지 목록이 더 많이 사용되었던 이유이다.[12]

여덟 가지 목록 가운데 몇 가지를 살펴보면 다음과 같다.[13]

슬픔

슬픈 마음의 긍정적 효과가 과연 있을까? 슬픈 감정이 없어야 행복한 것은 아니다. 그런 감정으로도 누구나 행복할 수 있다. 감정은 없애는 것이 아니라 조절하는 것이 행복을 걸어가는 첫걸음이다. 슬픔은 나 자신과 친해질 가장 좋은 기회다. 감정을 제어하면 두려움을 이길 수 있다. 자신의 마음을 알아차려야 행복하다. 자기 자신의 마음을 알아차려야 한다. '관찰하기', 이른바 늘 살피는 것, 혹은 망을 보는 것은 수도자들과의 전쟁에서 악마가 끊임없이 하는 일이다.

사람들이 흔히 생각하듯이 악마가 우리의 마음을 읽을 수는 없다. 다만 그들은 관찰을 통해서 우리에 대해서 알게 된다. 이러한 '술책'에

---

12) 같은 책, 429-430.
13) 같은 책, 430-445.

있어서 그들은 괄목할 만한 기술을 갖고 있다. 영혼은 승리하려는 의지만 있다면 승리할 것이다. 그 의지가 없다면 굴복하게 된다. 그리고 패배한다는 것은 악의 노예로 전락하여 그에 뒤따르는 모든 처참한 결과들을 감당해야 함을 의미한다.

우울

우울은 감성적으로 일어나는 기쁨을 박탈당하거나, 노여움의 결과로 나타난다. 그래서 먼저 무엇과 누구한테 좌절감을 당하는 지를 알아차려야 한다. 그것이 '하느님과 관련된' 참회인지, '세속적인 것을 대상으로 삼는 육적 좌절감'인 결국 악덕에서 오는 우울함인지를 구분해야만 한다.

우울함보다 더 나쁜 악은 없다. 그것은 의지를 깨뜨린다. '그것은 몸뿐만 아니라 영혼까지도 공격한다. 영혼의 힘을 빨아먹는 멈출 줄 모르는 처형자다.' 우울함의 영이 당신에게서 모든 힘을 빼앗기 위한 모든 사냥 장치를 설치해 놓는다. 그리스도인다운 인내심을, 하느님과 관련된 슬픔인 참회(penthos)를 제안하였다.

분노

우리의 성급함이 끓어오르는 것이 분노다. 분노는 상처를 준 사람에 대해 혹은 상처를 줄 거라 여겨지는 사람에 대해 끓어오르는 어떤 것이다. 슬픔과 마찬가지로 분노는 성급함이 출발하는 자연스러운 작용이고 또 우리 본성에 반대되는 작용으로 나타난다. 분노의 착한 모습도 있다. 곧 '노여움의 역할'은 악마와 대항하여 싸우는 것이다. 성급함이라는 힘이 '악한 생각을 파괴하는' 위대한 힘으로 나타난다.

따라서 분노를 인간에게 해로운 것으로만 보아서는 안 된다. 하지만 분명히 상황을 구분해야 한다. 자비롭고 자유로운 마음으로 행동해야 한다.

"노여워하여라. 그러나 죄 짓지는 말아라"(시편 4,4).

분개에 따른 네 가지 표징들이 일어난다. 분개는 영혼을 하루 종일, 특히 기도 중에 짜증나게 하며 눈앞에 상처 준 사람의 얼굴이 떠오르게 하고 밤중에 끔찍한 꿈과 공포를 불러일으킨다. 무엇보다도 분노는 마음의 정상적 활동인 관상을 방해한다. 이것이 바로 노여움에 대한 기억이 기도에 장애가 되는 이유이다. 증오와 연결된 분노는 은수 생활에 대한 거짓된 열망을 일으킨다. 이와는 대조적으로 화해의 수단인 환대는 흥분된 마음을 가라앉힌다.

'당신 노여움에 위로의 해가 지지 않도록 해야 합니다.'라는 뜻은 무엇일까? 악덕의 뿌리, 우리 자신이 이웃보다 월등하다고 여기는 그 마음이다. 먼저 그것을 잘라내야 한다. 혼탁한 노여움은 시편을 노래하고 인내심을 연습하고 자선을 베풂으로써 진정된다.

나태

'마음의 권태'라는 말을, 낙담의 덫에 걸린 수도자를 그림처럼 묘사하고 있다. 오직 깊은 평화의 상태와 형용할 수 없는 기쁨만이 이 투쟁을 벗어나게 해 준다. 낙담과 슬픔을 구체적으로 구별하기란 쉬운 일이 아니다. 낙담은 은수자적 생활 방식과 연관이 있으며, 독방 안에 머물기나 독거자적 삶에는 반대된다. 낙담에 대한 가장 효과적인 치료는 슬픔에 대한 치료인 참회(penthos)였다.

허영

성경은 영광을 하느님께 도덕적이고 종교적인 가치들과 연결시키고 있다. "내 도움과 내 영광이 하느님께 있으며 ……"(시편 62,8). 따라서 인간의 존경을 받고자 덕행의 보상을 요구할 때 영광은 '무의미한' 것이 된다. 덕행에 나아갈수록 허영 또한 증가하면서 미덕의 가치를 소멸시킨다. 부정적인 뜻에서 솔직함이나 지나친 당돌함은 모두 상대방에게 무례하다는 면에서 허영을 드러낸다. 허영에 대항하기 위하여 자기 자신의 우월함이나 탁월함을 스스로 자만하지 않고 다른 사람들로부터도 인정받으려 하지 않는 것, 다시 말해 자신은 아무것도 아니라는 것에 동의하는 것, 이른바 '자신을 부정하는 것'이니, 이를 체득한 자는 참된 '앎', 즉 참된 가치를 관상하는 단계에 도달한 것이라 할 수 있겠다.

하지만 허영은 흔히 자기 존중감의 결핍으로 드러난 것이다. 있는 그대로의 자신을 숨기거나 포장하는 탓에 남들 앞에서 뽐냄과 허영을 드러낸다. 사람들에게 주목을 받기 위해 끊임없이 포장된 자기를 내세운다. 하지만 악순환만 지속될 뿐이다. 계속 우쭐거리고 뽐내기만을 한다면 사람들은 멀어지기 때문이다. 중요한 것은 진실을 마주하는 것입니다. 매우 고통스러운 일이겠지만, 무엇이든 자랑을 지속적으로 한다면 이것도 오래가지 않는다. 사랑은 교만하지 않기 때문이다.

교만

성경적 맥락에서 볼 때, 교만은 무엇보다도 하느님을 반대하는 자의 악덕이다. 하느님을 망각함은 바로 허영심의 표출이다. 혹자는 그것을 보다 덜 심각한 형태의 교만이라 보기도 하였다. 그 구분의 근거는 '무엇에서 존중감을 찾는가.' 하는 데에 있다. 아무런 가치도 없는 헛된 것들, 곧 아름다운 머릿결, 고운 목소리 등에서 찾는가? 아니면 은총과 거룩함이라는 하늘다운 선물에서 찾고 있는가? 그러한 경우 그들은 '하느님이 그를 도와주신다.'라는 것을 부인한다.

교만의 악마는 이중적 사악함을 갖는다. 그 악마는 수도자로 하여금 덕망 있는 행동을 자신에게로 돌리게 하거나 ……. 불완전한 형제들을 경멸하도록 한다. 그렇다면 이것은 완덕에 가까워진 사람이 겪는 위험이다. 금언은 오랜 수덕주의 끝에 교만으로 인하여 굴복해 버리고, 제정신을 잃는 수도자들에 대해 말해 주고 있다.

교만은 모든 죄들 가운데 가장 큰 것이라고, 악마가 일으키는 가장 주된 죄이다. '그것은 죄의 근원이며 원천이고 어머니이다.' 그러나 바야흐로 '열정이 활동하지 못하게 되었을 때', 결국 선행하는 7가지 악덕들을 극복하면 교만 또한 종말을 맞게 된다. 교만은 우리가 올바른 행동을 하느님께로 돌릴 때, 그리고 보다 일반적으로는 겸손에 의해 제거된다.

악마는 우리가 실제로 행하는 것처럼 보이는 모든 선행을 흉내 낼 수 있지만, 사랑과 겸손의 힘 아래에서는 완전히 박멸된다. 교만의 분명한 징표는 신성 모독이니, 그것이야말로 인간이 하느님께 마땅히 드려야 할 칭송에 반대되는 것이기 때문이다. 교만이라는 악마의 난폭성과 당돌함은 익히 지적되어 온 바이다. 교만은 기도의 정반대이다. 실패에 대한 두려움을 떨쳐야 한다.

악마는 마음속에 일종의 '망령'을 일으키는 것이다. 사고, 이성, 거짓 논쟁은 단지 이미지일 뿐이다. 악마와 싸우는 전쟁은 다음과 같은 곳에서 일어난다. 생각, 상상으로 만들어진 환상의 세계, 거짓 위로, 모든 종류의 책략에서 발생한다. 우리는 식별을 통하여, 그리고 마음을 다스림으로써 그들과 싸운다. 행복의 가장 큰 적, 자기 포기의 원인을 찾아야 한다.

슬픔 속에 연대하는 교황 프란치스코

교황은 "인간의 고통을 마주하게 되면 언제나 마음이 이끄는 대로 행동해야 합니다."라며 고통 받는 이들과 함께 해야 하는 당위성을 역설하였습니다. 그리고 "저는 사제입니다. 제가 드리는 그 어떤 위로의 말씀도 치유를 가져오지 못한다는 것을 저는 알고 있습니다. 제 말이 죽은 이를 살릴 수는 없는 것입니다. 그러나 이러한 때에 인간적으로 가까이 다가가는 것이 힘을 줍니다. 여기에 연대가 있습니다."라며 마음을 담은 위로가 사람들을 연대하게 하여 고통에서 벗어날 수 있는 힘을 준다고 말하였습니다.

교황의 한국 방문을 계기로 우리가 가난한 자와 약자와 마음을 다해 연대하는 것이 참사랑을 실천하는 길임을 배웠습니다.

『슬픔 속에 연대하기를 시복식 전날까지 광화문 광장에 세워졌던 여러 동의 텐트는 시복식을 앞두고 철거될 예정이었지만 희생자 유가족과 가톨릭, 정부의 합의 하에 'We want the truth. You love those suffering, Papa! 우리는 진실을 원합니다. 교황님께서는 고통 받는 이들을 사랑하십니다.'라는 문구가 새겨진 한 동의 텐트가 남겨졌습니다. 이 또한 교황 방문이 이끌어 낸 의미 있는 모습이었습니다.』[14]

---

14) 졸저, 2014 KOREA 프란치스코 메시지, 하양인, 2015, 64.

제7부

사랑은
맑음입니다

제7부

사랑은
맑음입니다

행복하여라, 마음이 깨끗한 사람들!(마태 5,8)

마음이 깨끗하다는 것은 마음이 오롯하고 갈림이 없다는 뜻으로
단순한 마음, 순박하고 순수한 마음, 눈치 안 보는 마음이다. 우리의
인간관계가 복잡하게 얽혀 돌아간다. 눈치를 볼 데가 한두 곳이 아니
다. 각자의 기대치로 포장을 하고 외적인 시선으로 평가해 편을 가르
고 불편함을 계속 만들어 간다. 행복하여라, 마음이 깨끗한 사람들
이 필요하다. 사람들을 있는 그대로 보고, 더 나아가서 외적인 행동
과 표현 그리고 표정 속에 들어 있는 순수한 마음에 시선을 두는 연
습이 매우 필요하다.

깨끗한 마음, 순수한 마음이 세상을 움직인다. 사람도 움직인다. 온 인류를 위한 예수님의 깨끗한 마음, 생명을 넘치게 얻도록 주시는 그 맑은 마음이 세상을 움직여 구원하였다. 리지외의 성녀 데레사의 깨끗하고 맑은 마음이 '교회의 심장 한가운데에서 사랑이 된 것'이다.

깨끗한 마음으로 인해 우리는 하느님을 볼 수 있다. "행복하여라, 마음이 깨끗한 사람들, 그들은 하느님을 볼 것이다"(마태 5,8). 하느님을 본다는 것, 지복직관(至福直觀)이 신앙인의 최종 목표이다. 베네딕토 16세 교황은 인간에게 하느님을 볼 수 있는 기관이 있다면 그것은 마음이라고 했다. 마음이 깨끗하다는 것은 몸과 영혼이 잘 조화를 이루는 상태, 육체를 정신에 잘 따르도록 길들이고, 육체가 정신을 풍요롭게 하도록 돕고, 이성과 의지를 따로 고립시키지 않는 것이다. 그러므로 깨끗한 마음은 인간 전체성이 하느님을 향해 순수하게 열려 있는 것을 뜻한다.

깨끗한 마음을 지니기 위해 어떤 노력을 기울여야 할까? 하느님을 끊임없이 추구하는 것이다. 하느님께 묻고 하느님의 얼굴을 찾아야 한다. 그러면 우리는 어디서 하느님을 찾을 수 있을까? 첫째, 올바른 경신례에 참여하는 것을 넘어, 가난한 이들, 굶주린 사람들, 목마른 사람들, 나그네들, 병든 사람들, 감옥에 갇힌 이들 찾아가고 그들을 사랑하는 것이다. 예수님은 이들과 자신을 동일시하였기 때문이다 (마태 25,31-46). 우리가 사람들 안에서 하느님을 찾을 때, 우리는 하느님을 만날 수 있게 된다. 둘째, 이웃과 공동체에 대한 정직과 진실 그리고 의로움을 살아가는 자세이다.

필자는 본디 작은 발 때문에 수제화를 주문해서 신곤 하는데, 솔직하게 말해서 그럴 기회를 만들기가 어렵다. 언젠가 신발 가게에 문의하니 수제화를 일주일 만에 만들 수 있다고 했다. 양쪽 발을 그렸고, 선불로 입금도 했다. 열흘이 지나 전화 한통이 신발 가게에서 왔다. 결론은 신발이 너무 작고 신상품이기에 만들 수 없다는 일종의 통보를 받은 것이다.

순간 나는 답답함을 느꼈다. 환급을 받기 위해 신발 코너 담당자는 카드나 영수증을 들고 매장으로 나오란다. 하지만 그들은 일주일이면 된다는 납품 날짜도 지키지 않았다. 수제화를 만들 수 없다는 사실도 열흘이 되서 알린 것이다. 많은 부분이 사실과 너무 달랐다. 미안하다고는 했지만, 책임을 지지 않기에 정의롭지도 않았다.

고객을 생각하지 않고 매출에만 바짝 신경을 썼다는 마음을 지울 수가 없다. 처음부터 온 마음을 다하고 정성을 다해 달라는 것이 아니다. 장인 정신을 가져 달라는 것도 아니다. "고객님! 사랑합니다."라는 인사를 부탁하는 것도 아니다. 다만 상대방을 진심으로 대해 달라는 거 하나다. 그저 고객의 불만에 마음에도 없는 죄송하다는 말은 오히려 역효과를 내게 한다. 진솔한 마음의 표현이면 족하다. 진심으로 고객을 대하면 서로의 마음을 느낄 수 있다.

우연히 텔레비전에서 신발을 제작하는 것을 사람들이 매장 밖에서 볼 수 있는 어느 가게에 대한 방송을 보았다. 누구나 볼 수 있는 투명한 가게였다. 소비자들이 마음 편하게 모든 과정을 지켜볼 수 있었다. 많은 부분이 불투명하고 약속의 말이 달랐던 신발 가게와는 달랐다.

그 방송이 소개한 신발 가게를 보고 나는 '행복하여라, 마음이 편안한 사람들', 그들은 그것을 투명하게 볼 수 있기 때문이라는 느낌을 받았다. 마음을 깨끗하게 하는 방법은 먼저 예수님에게서 새로움을 배우는 것이다. 곧 그리스도와 같은 진심, 진솔한 마음을 갖고 하느님께 나아가면 하느님을 뵐 수 있다. 예수님께서 하신 사랑의 행동이 우리가 하느님을 볼 수 있게 해 준다.

잡념 없는 마음

유혹이란 무엇일까? 영적 성장을 위해 필요한 요소다. '유혹이 없는 자 구원도 없는 것이다.'라고 초기 수도자들은 고백하였다. 영적 성장을 위한 영성 생활은 싸움이다. 시리아 수도자들은 우리의 정신(마음)은 하느님과 악마가 싸우는 장소라고 고백하였다.

악에 대항해서 싸우는 무기는 어떤 것인가? 맑은 마음과 하느님의 말씀이다. 하느님의 말씀과 맑은 마음으로 싸우지 않고 자기 힘과 능력으로 싸운다면 나도 모르게 그 악마를 닮아가게 된다.

그러면 자기 욕심을 넘어서는 욕망이라는 유혹은 어디서 오는 것일까? 물론 죄에서 오지만 죄가 없다면 오히려 유혹이 죄를 향해 가도록 대화하거나 밀기도 한다. 하지만 욕망과 유혹 자체는 죄가 아니다. 욕망이라는 유혹을 받아들이고 그것에 동의할 때 죄가 된다.

욕망과 유혹을 이겨 내는 힘은 주님 말씀이다. 말씀을 악용한 악마와 달리 예수님처럼 그 말씀에서 나오는 사랑, 곧 맑은 마음과 사랑이다. 복음(루카 4,1-13)은 사랑을 감춘 세 가지 유혹과 욕망을 고발한다.

예수님은 성령의 인도로 광야에 나가 악마에게 유혹을 받으셨다. 유혹자가 그분께 다가와, "당신이 하느님의 아들이라면 이 돌들에게 빵이 되라고 해 보시오"(마태 4,3). 악마는 예수님이 유능한지, 팔방미인이 되어 돌들이 빵이 되는 마술을 부리라고 유혹한다. "성경에 기록되어 있다. '사람은 빵만으로 살지 않고 하느님의 입에서 나오는 모든 말씀으로 산다.'"(마태 4,4).

악마는 예수님을 데리고 거룩한 도성으로 가서 성전 꼭대기에 세운 다음 말하였다. "당신이 하느님의 아들이라면 밑으로 몸을 던져 보시오"(마태 4,5-6). 악마는 예수님이 스턴트맨이나 해결사가 되어 업적을 이루도록 유혹한다. 예수님은 "성경에 이렇게도 기록되어 있다. '주 너의 하느님을 시험하지 마라.'"(마태 4,7)라고 말씀한다.

악마는 다시 그분을 매우 높은 산으로 데리고 가서, 세상의 모든 나라와 그 영광을 보여 주며, "당신이 땅에 엎드려 나에게 경배하면 저 모든 것을 당신에게 주겠소."(마태 4,8-9) 하고 유혹하였다. 악마에게 권력, 힘의 유혹을 받은 예수님께서 그에게 말씀하였다. "사탄아, 물러가라. 성경에 기록되어 있다. '주 너의 하느님께 경배하고 그분만을 섬겨라.' 그러자 악마는 그분을 떠나가고, 천사들이 다가와 그분의 시중을 들었다"(마태 4,10-11).

영성 생활은 싸움이다. 몇 개의 적들과 하는 투쟁이다. 싸움을 하는데 두 가지 요소 곧 외적인 것과 내면적인 것이 교묘하게 싸우도록 갈등을 일으킨다. 참으로 악은 인간 존재의 뿌리에 속해 있는 것일까? 마치 악 없이 선도 없는 듯하다. 인간은 늘 이러한 선과 악의 구도 속에서 살아가는가? 세상 이치가 정말 이렇게 돌아가고 있다. 선과 악의 대결······.

"네 손이 너를 죄짓게 하거든 그것을 잘라 버려라"(마르 9,43). 무슨 메시지를 말하고 있을까? 누군가 모르는 길을 인도할 때, 우리는 그를 따라간다. 왜냐하면 그를 신뢰하기 때문이다. 하지만 그는 우리를 원하지 않는 곳으로 인도하는 나쁜 사람일 수도 있다. 관광 지역의 대도시에는 바가지요금을 부과하는 성실하지 않는 택시 기사들도 있다. 알코올 중독자는 술병 근처에 있는 것으로 유혹을 느낀다. 인색한 사람은 부정직한 모양으로 돈을 벌 가능성으로부터 유혹을 느낀다.

복음은 문자적으로 말한다. 손이 유혹한다. 손이 부추긴다. 이 모든 것은 은유적인 표현이다. 손을 잘라 버리라는 것은 하느님의 법을 반대해서 행동하는 기회를 피하라는 것을 의미한다. 고대 현자가 말한다. "기회는 도둑질을 하게 만든다. 우리는 기회가 손쉽게 오지 않도록 해야 한다. 우리에게 무엇인가를 쉽게 할 수 있는 기회가 생길 때, 그 기회가 우리를 쉽게 유혹에 빠지게 두기 때문이다."

"네 발이 너를 죄짓게 하거든 그것을 잘라 버려라"(마르 9,45). 무슨 뜻일까? 발들은 움직이는 기관이다. 다른 환경들 이 장소에서 다른 곳으로 우리를 이동하게 한다. 환경은 사람에게 영향을 준다. 평화를 주는 장소가 있고, 방해하고 자극하는 곳도 있다. 그렇게 우리에게 결정적으로 스캔들을 일으키고 유혹할 수 있는 상황이 존재하기도 한다.

마시기를 좋아하는 사람은 이미 무엇이 일어나고 그것으로 어떻게 돌아가는지를 미리 다 안다. 기도하기 위해 춤추는 클럽 안으로 가지는 않는다. 맹모삼천지교라는 말이 있듯이, 지혜로운 부모들은 부정적으로 영향을 줄 수 있는 나쁜 친구들을 만나는 가능성이 있는 장소들을 자녀들에게 허락하지 않는다. 바이올린 연주자는 소음으로부터 멀리 있는 곳에서 연주하기를 좋아한다. 우리 인생도 좋은 것을 선택한다. 조화로운 좋은 곳에서 우리 인생의 노래가 방해되거나 방해받지 않고 불려 질 수 있기 때문이다.

"또 네 눈이 너를 죄짓게 하거든 그것을 빼 던져 버려라"(마르 9,45). 고대 아다지오 철학은 말한다. "먼저 눈 속에 없었다면 정신 안에도 없다." 먼저 한 가지를 보면, 나에게 흥미가 일어난다. 스토아학파 같은 유물론자들은 말한다. "이것은 기계적인 진행이다. 먼저 보고 그리고 나에게 좋아하는 것이 시작되는 것이다. 그리고 그 매력이 강화 된다. 더 이상 저항하는 단계에 있지 않고, 결정하고 그 대상을 소유한다."

복음은 말한다. "음욕을 품고 여자를 바라보는 자는 누구나 이미 마음으로 그 여자와 간음한 것이다"(마태 5,28). 영성가들은 이 말씀을 다음과 같이 해석하고 한다. 다윗의 예와 같이 목욕을 하고 있는 바세바를 바라보는 다윗, 그는 간음에 유혹 당하고 인도되었으며 살인까지 저지르게 되었다. 시선 한 가지가 유혹의 원인을 제공할 수 있다. 하지만 그럼에도 불구하고 우리는 저항하고, 탈선하는 자유를 가지고 있다. 눈을 지배하는 것을 배우지 못하는 자는 대죄를 저지르지는 않지만 평화는 결국 오지 않는다. "소금이 짠맛을 잃으면 무엇으로 그 맛을 내겠느냐? 너희는 마음에 소금을 간직하고 서로 평화롭게 지내라"(마르 9,50).

"마음에서 나쁜 생각들, 살인, 간음, 불륜, 도둑질, 거짓 증언, 중상이 나온다. 이러한 것들이 사람을 더럽힌다. 그러나 손을 씻지 않고 먹는 것은 사람을 더럽히지 않는다"(마태 15,19-20).
"선한 사람은 마음의 선한 곳간에서 선한 것을 내놓고, 악한 자는 악한 곳간에서 악한 것을 내놓는다. 마음에서 넘치는 것을 입으로 말하는 법이다"(루카 6,45).

마음이 깨끗한 사람들은 단순한 사랑을 하는 자이다. 깨끗한 마음이란? 잡념 없는 마음, 하느님께 집중된 마음, 일체된 마음인데 단순한 마음일 것이다. 곧 예수의 마음에 가까운 것인데 때론 어두운 것도 있는 마음이다. 이런 마음은 이기심과 욕정과 야망에서 거리가 있고 기도할 때의 마음이다. 다른 생각이 없는 그런 마음일 것이다. 예수님은 하느님과 하나 되기 위하여 가끔 따로 외딴 곳으로 가셨다.
기도가 잘되는지는 열매를 보고 알 수 있다. 성경을 읽는 독서는 듣는 기도인데 기도에서 기본이 되는 자세는 말씀을 듣는 경청이다. 성경을 읽고 공부하고 기도하는 것은 남이 아니라 우선 자기 자신을 위한 것이다. 하지만 종종 우리는 남을 위해 성경을 보는 경향이 있다. 성독(Lectio Divina)은 기도하는 마음으로 성경을 보는 것이다. 바로 말씀이신 주님께서 지금 나에게 하시는 말씀의 목소리이다.

하느님과 사귀는 것이 매우 중요하다. 말씀을 배우거나 정보를 얻기 위한 것이 아니다. 성경은 하느님과 사귀는 책이다. 만일 10분 동안 성경을 읽었으면 하느님과 10분 동안을 사귄 것이다. 빠뜨리지 않고 매일 읽으면 변화가 일어난다. 세상을 다른 눈으로 보는 것, 맑은 눈, 맑은 마음으로 ……, 하느님의 흔적을 발견한다. 새로운 맑은 눈으로 세상을 보면 세상이 아름다워진다. 아름다운 모습을 보면 아름다운 흔적 진선미가 나타난다. 하느님을 미리 느끼는 기쁨, 선복(先福)이다. 지복직관(至福直觀)이다. 아름다움에 대한 묵상은 하느님의 매력을 느껴 보는 것이다.

마음의 침묵과 하느님께 속한 삶의 봉헌

'도망가라. 침묵하라. 고요히 머물러라.' 이 말씀이 모든 시대의 영적 구도자들에게 영향을 미쳤다. 사람은 다른 누군가와 대화하지 않는 한 홀로 있는 것이다. 이것이 침묵의 고독이다. 마지막으로, 자신의 내면 가장 깊은 곳에 대화 상대가 없을 때, 이른바 생각들이 자신의 마음을 흔들지 아니할 때 그 사람은 홀로 있는 것이며 이것이 바로 마음의 고독이다. 영적으로 말해서, 가장 깊이 있는 고독은 마음의 고독이다. 마음의 고독은 물리적 고독, 인간 사회로부터의 도피, 그리고 침묵과 분리될 수 없다.

침묵은 마음을 맑게 흐르게 한다. 천천히 더 천천히 걸어가라. 고요하고 느린 걸음으로 잠시 멈춤은 더 멀리 가기 위한 도약이니 영혼이 다시 태어나는 순간은 평화의 기도가 된다. 행복은 단순 할수록 잘 태어난다. 내려놓음, 더 내려놓음, 행복의 지혜, ……, 우리가 아무리 간절히 원한다 해도 인간으로부터 완전히 도피할 수는 없다. 따라서 고독은 침묵에 의해 완성되고 강화되어야 한다.

침묵은 말하자면 기도하는 사람이 쉽사리 떠나지 않는 언제나 머물 수 있는 편안한 마음의 공간이다. '당신이 침묵한다면, 당신이 어디에 살든 평화를 얻을 수 있을 것이오.' '입을 열고 말을 했던 것을 반성한 적은 많았어도, 침묵했던 것을 후회한 적은 한 번도 없다.'[15] 그렇다. 우리는 몇 번이고 말을 했던 것을 후회하였다. 직장에서 말하고 후회한 적이 수도 없이 많다.

하느님의 일을 하기 위한 목표 달성에 어떤 형태로든 보탬이 되지 않는 것은 모두 쓸데없는 말이다. 그 말의 내용 자체는 좋을지라도 그런 종류의 말의 위험성은 너무나 커서, 그 말이 신앙의 함양을 위한 것이 아니라면 아무리 좋은 말이라도 그 말을 뱉은 자는 이러한 위험을 피하기 어려울 것이다. 그 말이 신앙을 함양하는데 기여하는 바가 없다면 성령을 슬프게 할 것이다.

"주님의 율법에 '태를 열고 나온 사내아이는 모두 주님께 봉헌해야

---

15) 토마스 슈피드릭, 그리스도교동방영성, 가톨릭출판사, 2014, 373.

한다.'"(루카 2,23). 히브리인의 장자들은 그들을 살리신 하느님께 속한다는 고백이다. 하느님께서 인간을 창조하셨고 그래서 인간은 하느님께 속한다는 고백이다. 탈출기의 그 유명한 야밤에 죽음의 페스트 병이 이집트인들의 모든 사내아이들을 쳐서 죽음으로 몰았지만, 히브리인의 어린이들은 죽음의 병이 지나가 살아났다. 이 징표가 히브리인에게는 구원과 해방의 의미가 되었다. "이스라엘 자손들 가운데에서 맏아들, 곧 태를 먼저 열고 나온 첫아들은 모두 나에게 봉헌하라. 사람뿐 아니라 짐승의 맏배도 나의 것이다"(탈출 13,2).

한 가지 아름다운 이야기가 있다. 눈을 볼 수 없는 한 여성이 태생 소경의 어린들을 위한 교육에 자신의 전 생애를 온전히 봉헌하였다. 사람들은 어째서 이런 일을 하냐고 그녀에게 질문한다. 그녀는 고백한다. 전쟁터에서 폭탄 공격을 받고 있던 가운데, 그녀가 일하던 중앙 본부에서 그에게 일어난 구사일생의 기적으로 그녀가 구출되었다는 것이다. 그때 시각 장애인이 된 그녀는 결심했다. 자신의 삶이 더 이상 자신에게 속하지 않는다고 말이다.

우리의 인생은 누구에게 속해 있을까? 분명 우리 자신에게만은 아닐 것이다. 우리의 삶은 우리에게 속하지만, 하느님께 봉사하고 선하게 살아가는 것을 목표로 하는 삶에 속한다고 말이다.

"주님은 율법에서 산비둘기 한 쌍이나 어린 집비둘기 두 마리를 바치라고 명령한대로 제물을 바쳤다"(루카 2,24). 구약의 율법, 세부 사항에 산모의 정결례 곧 정화를 위한 제사에서는 양을 바치는 것이 필요한 규정이었다. 하지만 가난한 사람들에게 양은 매우 비싼 동물이다. '레위 12,2-8'에 따르면 이런 경우 산비둘기나 집비둘기 두 마리로 충분하다고 한다. 가격이 매우 싸기 때문이다. 성경에서 돈의 가치는 봉헌물의 대가를 상징한다. 하지만 비둘기 두 마리는 인간 삶의 가격으로는 비교될 수가 없이 낮다.

우리는 소유하는 모든 것이 하느님께 속한다는 것을 믿는다. 이런 확신은 외적으로만 표현할 수는 없다. 작은 행동과 함께 값이 싸지만 하느님께서 움직여 주시는 행동은 거룩한 삶이 된다. 곧 우리가 일을 시작하기 전에 긋는 십자성호, 식사하기 전에 드리는 짧은 기도와 같다. 큰 능력, 위대한 희생, 큰 업적이 아니라 작은 제스처이지만 그것을 움직이시는 하느님은 작은 행동들의 거룩한 성격을 드러낸다. 하느님께서 받아 주시고 움직여 주시기 때문이다.

"아기는 자라면서 튼튼해지고 지혜가 충만해졌으며, 하느님의 총애를 받았다"(루카 2,40). 모든 아기가 위의 말씀처럼 자라진 않는다. 누구는 더 강하고, 누군 약하지만 모두 다 자란다. 만일 어린이가 자라지 못한다면 큰 병이 걸린 것이다. 이렇게 신앙생활도 똑같다. 성장한다. 세례성사, 성품성사로 우리는 하느님의 아들이 된다. 그 첫발자국이 하느님을 만나고 그 안에서 자라는 것이다. 성장을 멈추는 것은 비극이다. 성 대그레고리오 교황은 영성 생활을 큰 물결의 흐름에 비교했다. 수영하기를 그만두면 심한 파도 물결에 휩싸여 물에 빠지고 만다. 우리의 삶도 마찬가지다. 늘 세상 파도 물결을 거슬러 우리가 약하지만 꾸준히 움직이면서 나아가야 한다.

"지혜가 충만해졌으며"(루카 2,40)라는 의미는 지혜롭게 성장하는 것이 모든 이의 희망이다. 하지만 지혜를 구하기 위해, 모든 이가 같은 것과 같은 의미를 지향하지는 않는다. 초기 고대인들은 지혜가 실천 능력이라고 보았다. 그리스인들은 지혜가 보다 높게 오르는 개념으로 이해했다. 그들은 능력 있는 지도자, 박사, 철학자들이다.

지혜의 성경적인 의미는 무엇일까? 물론 충분히 실천적이지만 성경은 사람과 이웃과의 관계를 잘 맺는 것, 친교가 지혜라고 말한다. 곧 친구, 협력자를 끌어당기는 능력과 삶에서 성공을 보이는 것이 지혜다. 그것은 바로 믿음과 사랑이다. 구약의 지혜서들이 주로 말하는 것은 그 중심에 종교적인 핵심, 믿음과 사랑이 자리를 잡고 있다. 인생에서 참 성공은 하느님과 함께 있는 자에게 유보되어 있다(시편1). '시편 110,10'은 말한다. "지혜의 근원은 주님을 경외함이니 그것들을 행하는 이들은 빼어난 슬기를 얻으리라." 지혜 안에서 자라는 자는 하느님과 함께 더 근본적으로 사람들과 이웃들과 매일매일의 관계를 맺는 내적 삶을 살아가는 자다. 참 지혜는 바로 하느님의 선물, 은총이다. 주님은 당신 은총을 주시는 자의 정신을 지혜로 비춘다.

행복한 마음에게 집중하라

생각을 드러내기 위해서는, 영혼 안에 무엇이 일어나고 있는지를 성찰해야 한다. 단순히 '자신에게로 돌아오는 것'은 목적이 아니다. 그보다는 자신을 면밀히 조사하는 것이 중요하다. 이러한 성찰이 영적 지도의 한 요소이다.

자신의 잘못과 생각을 날마다 적어 놓는 작은 책자를 지니고 다니는 많은 수도자가 있다. '열정이 자신에게서 어떠한 이익을 취하는 것을 보았다면, 누구나 이러한 열정에 대항해 무기를 들어 올려야 한다. 한 가지 열정이 사라지기 전에는 다른 열정들을 다 승복시킨들 우리는 어떠한 이익도 얻을 수 없기 때문이다.' 충실히 실행된 보편적 성찰은 그 자체가 곧 '특별한 성찰'이 된다.

불편한 마음을 바라보는 순간, 행복의 문은 열린다. 방심은 금물! 실수로부터 배운다. 마음을 비우면 행복이 열린다. 사막 교부들은 '제일의 미덕'은 '마음의 순결함'이었고, 이를 위하여 우리는 은둔하여 단식, 철야기도 등을 해야 한다.

마음과 열정이 만나면 행복이 열린다. 열정은 선한 것도 아니요, 그렇다고 나쁜 것도 아니다. 영혼은 본성적으로 하느님의 모상이다. 그러나 인간은 죄의 결과로 다양한 열정이 영혼을 덮어 버렸다. 실천의 목적은 영혼에서 이러한 열정을 제거하는 것이다. 열정을 미덕에 반대되는 '영혼의 질병'이라고 사막 교부들은 불렀다. 죄와 밀접하게 연관된 '열정을 지배하는 자'는 바로 악마이다. 죄로 기우는 기질이나 죄를 향한 성향, 또는 열정은 어떤 면에서는 죄에 대한 강하고 끊임없는 열망이다. 그것은 죄가 되는 행동을 좋아하는 것이다.[16]

---

16) 같은 책, 449-450.

그때 열정은 열망이 된다. 이미 열망에는 구분되는 두 가지 경향이 있다. 하나는 불합리하고 무절제함을 가져오는 것이며, 다른 하나는 자연적 욕구와 연관된 것이다. 후자는 욕구라고 불린다. '욕구는 무엇인가를 향하는, 또는 무엇인가로부터 비롯된 마음의 움직임이다.

열정이란 이성의 범위를 넘어서는 과도한 욕구, 고삐가 풀려 말씀을 거스르는 욕구이다.' 열망의 탄생을 설명하기 위해 심리학적 분석이 필요하다. '욕구(예를 들어 음식에 대한 욕구)는 본성에서 온다. 만약 어떤 대상을 통해 이러한 욕구를 자주 충족시켰다면, 그 대상에 대한 '열망'이 그를 압도하게 된다. 따라서 '열망'은 앞선 자유와 선택의 결과인데, 종종 그 선택은 죄가 되는 선택이기에, 열망은 곧 열정이 되는 것이다.[17]

열정과 감정 사이에 행복이 있을까? 열정의 근원인 자기애를 육에 대한 집착으로 규정한다. '몸의 열정'과, 인간관계에서 나오는 '영혼의 열정'을 구분하였다. 인간의 열정을 세 가지로 분류할 수 있다. 영혼의 본성에서 나오는 것, 그 실현을 위해 몸을 통해 이루어지는 활동에서 나오는 것, 그리고 몸 그 자체에서 나오는 것이다.

모든 열정은 '절제와 사랑을 통해' 치료될 수 있다. 열정은 마음의 상태를 자극한다. 따라서 '마음에서 나쁜 생각이 나온다.'(마태 15,19)는 복음 말씀은 참으로 일리가 있다. 그러나 어떤 의미에서 말일까? 악한 생각은 '외부로부터' 오지 않았으며, 오히려 인간의 마음은 신적인

---

17) 같은 책, 451-452.

영감과 '뱀들'이 뒤섞여 있는 하나의 심연이다. 일단 부패해 버린 마음, 일단 외부로부터의 상처를 받은 마음은 열정적인 움직임의 근원이 된다. 그러나 이것은 '본성' 자체에 일어나는 일은 아니다. 악한 생각은 오직 악마와 인간의 자유의지에 의해 야기된다. 악한 생각이 마음으로 침투되는 단계가 있다. 종종 죄에 대한 동의에 앞서는 일련의 순간들과 이러한 의지의 결정(죄에 동의함)에 따르는 심리적 변화에 대해서 바라보아야 한다. 제안, 교섭, 사로잡힘 이러한 세 단계에서 악습은 제2의 본성처럼 된다.

열정에 가득 찬 우리는 스스로의 마음을 완전히 믿고 자신을 맡겨서는 안 된다. '잘못된 규율은 곧은 것까지도 굽게 할 수 있기 때문이다.' 그러기에 자신의 판단을 따르지 말아야 한다.

"무엇보다 네 마음을 지켜라. 거기에서 생명의 샘이 흘러나온다"(잠언 4,23).

영적 지도는 '알고 있는 자'의 의무이다. 그것은 단순하게 영의 식별을 실천에 옮기는 것이다. 따라서 식별의 은사는 영적 지도에 있어서 다른 모든 것을 지배한다. 식별하는 사람이 '예지력' 또는 마음을 읽는 은사를 받았다면 동시에 영성 지도자가 될 수도 있다. 이렇듯 '예언'의 은사와 식별의 은사를 함께 지녀 하느님의 이름으로 얘기할 수 있게 된 사람은 완벽한 영적 아버지가 될 수 있다.[18] 하지만 식별자

---

18) 같은 책, 475.

는 그 자체로 위계적이거나 사법적 기능의 수행을 말하는 것이 아니다. 그것은 구원을 갈망하는 영혼을 돌보는 데에서 비롯되는 여러 일과 어려움들을 기꺼이 떠맡으려는 자세이다. 일, 의무감보다 즐거운 마음으로 하는 것인데, 일에서 초콜릿을 찾는 마음으로 영성 지도는 사람의 권태기 극복법, 마음먹기에 달렸다.

영성 지도자들은 영들의 활동에 민감해야 한다. 영 안에서 일어나는 선한 시선은 '말할 수 없는 기쁨', '명랑함', '용기', '쇄신된 힘', '생각의 고요함', '대범함', '하느님의 사랑'이다. 삶 안에서 불러일으켜지는 악한 시선은 '영혼의 염려', '생각의 혼동과 무질서', '낙담', '수도자에 대한 증오', '영적 나태', '싸움', '가족에 대한 부정적 기억', '죽음에 대한 두려움' '미덕에 대한 모욕' 등이다. 이 같은 선한 시선과 악한 시선의 규칙이 금언으로 간단히 표현된다. "고요를 깨는 모든 것은 악마로부터 온다." 그 순간 거짓 빛, 거짓 영이 움직인다. 그 결정적인 식별 기준은 평화로운 상태인가 혼란스러운 상태인가를 말한다.[19)]

마음의 내적 가치

예술인들은 서울의 예술의 전당에서 공연을 할 수 있는데, 대중가요 가수들에게는 그 기회가 주어져 있지 않단다. 이탈리아 밀라노 오페라 극장 스칼라 지배인이 자랑하고 뽐내고 있는 것은 일급이 아닌 이급 명단에 있는 유명하지 않은 가수들을 부르지 않는 것이었다. 예

---

19) 같은 책, 422-423.

술의 열정이 보다 약한 예술인들을 위선으로 바꾸어 버린 것이 아닐지 생각한다.

신학생이나 수도원의 지청원자를 양성하는데 있어서도 작은 일상의 의무를 매우 소중히 할 것을 강조한다. 일상의 작은 것을 소중하지 않을 경우 금방 무질서한 환경을 만나게 되기 때문이다. 어머니의 집안일이 바로 그렇다고 한다. 치우면 표시가 나지 않고, 치우지 않으면 금방 표시가 난다고 한다. 라틴말로 'cura minimorum'은 작은 것을 잘해야 한다는 뜻이다.

그러나 무질서를 질책하는 자들은 그것을 증오하려는 유혹에 빠지게 되는 위험이 있다. 질서는 좋지만 카리타스, 사랑에 반대해 죄를 짓는 경우가 되지 말아야 한다. 질서와 정확성은 완성할 업적의 목적에 맞게 중요한 것이다. 중요한 것이 반드시 본질이 아닐 수 있기 때문이다. 나름으로 중요하다고 행하는 것이 본질을 잃어버릴 수 있다. 모세 율법의 목표는 백성을 그리스도께 인도하는 것인데 바리사이는 이러한 본질의 관점을 잃어버렸다면 율법의 작은 지킴도 소용이 없는 것이다.

'작은 벌레는 걸러 내면서 낙타는 그냥 삼키는 자이다.' 꼼꼼하고 자세한 것을 보는 사람은 전체 그림을 식별하는데 어려움을 가지고 있다. 심리적인 관점에서 첫째보다 두 번째 것에 너무 가치를 주는 자는 첫째 것, 원칙을 잃어버리는 위험을 가질 수 있다. 로욜라의 이냐시오 성인에게 중요한 것은 식별과 선택이었다. 하느님의 보다 나은 영광을 위해 식별하고 선택해야 한다. 원칙과 본질을 실행한 다음에

작은 것은 수반된다. 그러면 죄악을 극복할 수 있는 메커니즘이란? 죄악의 실체를 밝히고, 죄악의 고리를 끊어 버리며, 그 영향으로부터 멀리하는 힘을 기르는 것이다. 이를 위해서는 식별의 힘이 절대적으로 요청된다.

현자는 외적인 것이 속임수로 인도한다고 강조한다. 그리스 철학은 내적인 사람과 외적인 사람 사이를 구별하였다. 성경은 인간의 진리가 마음 안에 있는 하느님께서 바라보는 것이라고 말한다. 우리는 하느님의 내적 가치, 비가시적인 모습을 보는 의무를 하느님의 눈앞에서 실행해야 한다. 어떻게 이 같은 참 가치를 성장시킬 수 있나?

우리는 모든 행동 이전에 정신에 지향을 두어야 한다. 그 지향으로 하느님의 영광을 위해 예수님의 마음에 우리 자신을 봉헌한다. 하느님을 잊지 않기 위해 칼 라너(K. Rahner) 신부는 보다 공통적인 것으로 통교를 하고, 혹시 식사 시간이라도 작은 것을 포기하고, 보다 영적인 지향을 두도록 제시하였다. 이와 같은 외적인 작은 행동이 내적 가치를 얻게 한다(마태 23,23-26).

"그 바리사이는 예수님께서 식사 전에 먼저 손을 씻지 않으시는 것을 보고 놀랐다." 개인적인 위생은 모든 종교의 예식이다. 종교인은 하느님께 다가가기 전에 정화의 상징적 자세를 취한다. 그리스도인은 세례에서 이 예식을 사용하는데, 히브리인은 종종 손을 씻는다. 대사제는 예식 거행 전에 손을 씻는다(탈출 29,4;40,12). 죽은 자와 문둥병자를 건드리는 자는 누구든 씻어야 한다(레위 11,39이하, 14,8이하).

맑고 깨끗한 곳

바리사이는 율법이 요구하지도 않는데도 불구하고 하루 종일 많은 경우에 씻는다. 잦은 세정(洗淨)은 위생적으로 좋은 습관이다. 하지만 예수께서는 내적 측면보다 외적 정화(淨化)만 더 취하는 바리사이들을 책망하곤 했다. 카나에서 씻는 물이 포도주로 변형한 것처럼(요한 2,6) 몸의 정화는 영적인 정화가 되어야 한다는 것을 가르치고 있다.

"너희의 속은 탐욕과 사악으로 가득하다." 씻는 것은 인간 육체에서처럼 움직이지 않는 외적인 먼지와 흙을 제거하는 것이다. 같은 모양으로 윤리적 의미에서, 죄 또는 나쁜 생각은 마음에서 외적인 것인데 그것들을 씻어낼 수 있나? 그것을 씻기 위해 마음(정신)은 하느님의 은총, 세례자의 신앙 고백, 선행하려는 그의 원의를 바란다.

먹기 전에 씻는 것은 우리 유기체에 유독할 수 있는 세균을 소독하기 위해서가 아니다. 우리는 생각을 통해서, 정신에로 들어가는 것에 주의를 기울여야 한다. 하지만 우리는 많은 생각을 들어가게 두지만 씻지는 않는다. 우리에게 오는 것을 바라보고, 생각하는 데서 자유로워야 하면서도 의로워야 한다.

영적인 정화는 생각을 조절하는 능력을 의미한다. 어떻게 구체적으로 이루어지나? 우리는 부재중 사람에게 의롭지 못한 판단 또는 혼란하게 하는 소식을 듣는다. 무슨 행동 이전에 선을 향해 움직일 것과 우리가 하기 시작하는 것인지를 묻는 것이 좋다. 마음(정신)은 마치 창문의 유리와 같다(루카 11,37-41).

"눈은 몸의 등불이다." 시각 장애자는 볼 수 없다. 색맹이 있는 자는 보기는 하되 색깔을 볼 수 없다. 원시는 가까운 사물을 잘 볼 수 없고, 근시는 멀리 있는 사물을 잘 볼 수 없다. 토마스 아퀴나스 성인에 따르면, 모든 사람은 각자 자신에 따라서 본다. 제 눈에 안경이다. 순수한 사람은 모든 선을 보고, 불순한 사람은 좋지 않은 것을 본다. 그러므로 우리는 내적 시야를 밝게 해야 한다. 눈이 맑으면 몸도 환하고, 눈이 성하지 못하면 몸도 어둡다. 내면의 밝은 시야가 자신을 변화하고 세상을 비추는 등불이다.

우리는 맑고 밝은 시야를 확보해야 한다. 곧 자신과 이웃 그리고 세상을 밝고 맑게 볼 수 있는 시야를 지녀야 한다. 그것은 바로 우리에게 절대로 필요한 눈이다. 이것이 바로 복음의 안경이다. 복음의 시야로 세상과 나와 이웃을 바라보아야 한다. 복음과 빛으로 영원을 보고 세상을 바로 보도록 해야 한다(마태 6,19-23).

숨어 있는 상처를 만져라

분석심리학자 칼 융은 심리상담의 목적이 자기 자신이 되도록 안내하는 것이라고 말했다. 예수님께서도 많은 성경의 인물을 치유하였는데, 그들이 상처를 치유 받으려면, 자신의 상처에서 참된 자신을 찾도록 사람들을 인도하셨다.

자기 안에 숨어 있는 상처를 치유를 위해서 세 단계가 필요하다. 첫째, 상처를 발견한다. 둘째, 발견한 상처를 만진다. 셋째, 상처 속 참 자신을 만난다.

자기 치유의 첫 단계는 자신의 삶을 이야기 하는 순간이다. 그러면 숨어 있는 자신의 상처를 발견하게 된다. 인생의 여러 과정에서 생긴 상처가 반드시 기억 속에만 남아 있을 수 없고, 몸, 마음, 영혼 등에 다양한 모습으로 숨어 있을 수 있다. 그러므로 자신을 이야기 하는 자기 성찰이 치유의 시작이다.

예수님도 자신의 미래에 올 수난 예고를 종종 이야기하였다. 누구나 있는 상처를 만나야 한다. 성경에 나타나는 많은 인물도 자신의 상처를 만났다. 요한복음 4장의 사마리아 여인, 8장의 간음하다 잡힌 여인 등이다.

"너희는 그 갈릴레아 사람들이 그러한 변을 당하였다고 해서 다른 모든 갈릴레아 사람보다 더 큰 죄인이라고 생각하느냐?"(루카 13,1-9)

바리사이와 율법학자는 죽음은 죽은 자의 잘못과 죄가 원인이라고 했다. 죄인, 병자, 창녀, 세리들은 자신들의 잘못과 죄로 인해 하느님의 심판과 징벌을 받았다고 여겼다. 하지만 복음의 예수님은 그 극단적 적용을 비판하며 오히려 그들에게도 회개하지 않으면 그러한 죽음을 맞을 거라는 고발을 하고 있다.

복음은 모든 불행한 일과 죽음이 죄로부터 기인된 것인가를 정확히 밝히고 있다. 하느님의 의로운 심판은 모든 악을 징벌하지만 그럼에도 불구하고 하느님의 자비의 물레방아는 역시 계속해서 돌아가는 하느님의 인내심을 전하고 있다. 하느님의 심판 후 징벌이 분명 뒤따른다면, 우리도 다른 이들을 심판하지 말아야 하며 오히려 우리는 자기 스스로를 심판하는 회개의 삶을 청해야 한다. 자신의 상처를 발견하는 것이 치유 구원의 출발이기 때문이다.

자기 치유를 위한 둘째 단계는 발견한 상처를 만지는 것이다. 예수님은 많은 병자를 만지셨다. 주님은 중풍 병자, 하혈하는 여인, 숨을 거둔 회당장의 딸, 세관장 자캐오, 마태오, 율법학자 니코데모를 말씀으로 치유하고 또는 손을 대서 고치셨다. 주님은 그들의 상처를 접촉하였다. 숨어 있는 과거의 상처와 상실 체험에서 오는 마음과 영혼 그리고 기억의 상처를 만져야 한다. 주님께서 수많은 죄인들과 함께 식사를 한 것도 일종의 그들의 상처를 어루만지는 접촉이었다.

인생을 살다 보면 잔칫집에 초대받는 경우가 있다. 우리나라에서 벌어지는 잔치는 태어나고 살아가면서 인생 나이의 중요한 때에 따라 벌어진다. "레위가 자기 집에서 예수님께 큰 잔치를 베풀었"(루카 5,29)다. 새로운 삶을 시작한 것이다. 예수님을 따르기로 결심했기 때문이다. 세관에 앉아 있던 레위가 "나를 따라라."라는 주님 말씀을 듣고 모든 것을 버려 둔 채 일어나 그분을 따랐다. 회개한 것이다. 레위의 잔치가 저녁 만찬으로 보속과 같은 인상을 받긴 하지만, 스스로 준비한 기쁨의 자리이다. 치유는 이렇게 자신의 부족하고 결핍된 것을 발견하고 주님의 사랑의 손을 붙잡는 순간 일어난다.

주님 사랑의 손은 날을 가리지 않고 안식일이든 아니든 치유하였다. "일어나 네 들 것을 들고 걸어가거라"(요한 5,8). 구약의 규정에 대한 예수님의 행동은 늘 동일하게 모든 규정의 뿌리로 돌아갈 필요를 강조한다. 구약의 지침을 바로 세우기 위해 그 영감 받았던 근본 의미를 다시 세운 것이다.

안식일은 하느님께 정신과 마음을 봉헌하는 시간이다. 불편한 몸을 움직이는 것이 주님께 올리는 안식일의 근본을 과연 방해할 수 있단 말인가? 오히려 안식일은 마음의 고통과 나쁜 생각에서 벗어나 주님께 맑은 마음을 드리는 거룩한 날이다. 그래서 예수님은 그의 불편한 몸과 특히 구겨진 마음을 바로 잡아 주셨는데, 그것을 안식일에 해서는 정말 안 되는 것인가?

예수님은 "더 나쁜 일이 너에게 일어나지 않도록 다시는 죄를 짓지 마라."(요한 5,14)라고 중풍 환자에 말한다. 중풍 환자가 지은 죄는 과연 무엇일까? 서른여덟 해 동안 알아 온 마비 증상이 잘못이고 죄에 대한 고통일까? 복음은 그렇게 말하지 않는다. 오히려 복음은 움직일 수 없고, 위험에 처해 있는 자를 지금 늘 치유해야 한다고 말한다. 그런데 주님은 왜, 중풍 환자에게 다시는 죄를 짓지 말라고 하셨을까?

죄는 육적인 마비 뿐 아니라 영적 곧 마음의 마비로도 나타난다. 선을 향해 각자의 능력을 영적, 육적으로 사용할 수 없는 것이 죄이다. 서른여덟 해 동안 아무도 그를 도와주고 말을 건넨 사람이 없었다. 그래서 그는 주님과 대화에서도 자신의 말만 늘어놓고 있다. 오랫동안 사람들로부터 격리된 삶을 살았기에, 나태, 시기, 분노로 찬 심리 장애가 진행된 것이다.

예수님은 이런 총체적인 비상 상태의 자리를 걷어들고 나오라고 말씀하신다. 한동안 성당을 빠진 사람에게 미사에 참석하기는 기쁨이며 동시에 고통일 수 있다. 수년 만의 고해성사 보기도 빙하를 녹이는 마음이기도 하지만 결과는 해방과 자유 그리고 기쁨이 솟아나게 한다. 일어나 걸어 나가야 만 마비된 몸과 마음에서 해방된다. 주님께서 손을 내밀 때 벌떡 일어나 움직이면 은혜로운 참 기적이 발생한다.

치유의 셋째 단계는 상처 속 참 자신을 만나는 순간이다. 헨리 나우웬은 "우리가 부서지고 상처받는 바로 그때, 우리가 쓰고 있던 가면도 깨집니다. 우리는 그제야 참된 자아에게 마음을 열게 됩니다."라고 말한다. 치유의 시작이자 마침은 부활 신앙이다. 부활 신앙을 통해 우리는 온전한 자신을 만난다. 이것이 그리스도교 신앙의 정수다.

"우리의 친구 라자로가 잠들었다."(요한 11,11)라고 주님을 말씀한다. 죽은 사람을 잠자거나 쉰다고 말한다. 공동묘지의 어원에도 휴식처, 안식처라는 뜻이 있다. 일반적으로 잠을 잔다는 것은 무엇이 일어났는지 알 수 없다. 자면서는 우리가 무엇인가를 인식할 수 없다는 말이지만 몸은 계속해서 움직인다. 몸의 기능은 지속적으로 일을 하고 있는 것이다. 심장이 뛰고, 호흡을 하며, 소화도 되고 열도 난다.

그러나 죽음이라는 잠은 반대다. 몸의 모든 기능은 멈추고 영혼은 깨어난다. 그 영혼이 영원을 향해 눈을 뜬다. 교부들은 세상에서의 삶이 잠을 자는 것이고, 죽음으로 그리스도인들은 그 잠에서 깨어나는 부활 신앙을 고백한다. 예수께서 일으켜 부활하게 한 죽은 이들 가운데 누구도 본 것을 전한 사람은 없다. 아마도 말할 능력이 없었던 것일까? 하느님의 비전들을 본 신비가들도 말씀이 없다. 표현을 할 수 없어서가 아니라 표현하는 말이 부족해서 일 것이다. 사도 바오로의 말씀처럼 필요한 생각들을 담아낼 수 가 없었을 것이다.

"어떠한 눈도 본 적이 없고 어떠한 귀도 들은 적이 없으며 사람의 마음에도 떠오른 적이 없는 것들을 하느님께서는 당신을 사랑하는 이들을 위하여 마련해 두셨다"(1코린 2,9).

"나는 부활이요 생명이다"(요한 11,25). 하느님을 본 죽은 자들의 영혼들은 하느님과 함께 있다. 예수님의 몸은 하느님께 일치되고, 죽음의 나라에 불멸을 옮겨다 노셨다. "나를 믿는 사람은 죽더라도 살고"(요한 11,25), "밀알 하나가 땅에 떨어져 죽지 않으면 한 알 그대로 남고, 죽으면 많은 열매를 맺는다"(요한 12,24).

파종한 씨는 겨울철을 지나고 봄의 태양이 뿜어 대는 열을 받아 따스함을 느낄 때, 파종한 씨들이 겨울의 딱딱한 흙을 뚫고 싹이 나와 자라고 꽃이 피기 시작한다. 그리스도를 믿는 자들은 새로운 시간의 태양이 뜰 때까지, 부활의 태양이 열릴 그날까지 땅에서 쉰다. 하늘에서 그리스도께서 내려오셔서 그들을 깨워 일으켜 세우신다. 그들의 아름다움이 그와 함께 만남에 도달할 것이다.

아우슈비츠 가스실 벽에 수많은 나비가 그려져 있다. 나비가 되어 부활하리라는 희망을 그린 것이다. 죽음이 나비가 되어 희망을 날고자 움직인다. 상처를 떠나 치유로 가는 길이다.

찬미받으소서, 우주 그리스도

"행복하여라. 마음이 깨끗한 사람! 그들은 하느님을 볼 것이다"(마태 5,8). 본디 구약에서 사람은 하느님을 볼 수 없다. 비가시적이고 비접

근적 하느님의 속성은 하느님은 인간이 볼 수 있는 능력 밖에 존재한다는 부정 신학의 의미를 말한다. 신약에서 하느님의 이러한 속성은 지속적으로 유지되고 있지만 예수 그리스도를 통해서 우리는 하느님을 볼 수 있게 되었다. 마음이 맑고 깨끗한 사람은 그리스도를 통해 하느님을 볼 수 있는 것이다. 마음이 맑은 사람이 하느님을 볼 수 있다는 고백은 역사의 예수님과 신앙의 그리스도의 관점에서 부활하신 신비의 예수 그리스도로 옮겨간다. 그리스도 부활 신앙과 모든 죽은 이들의 신앙은 그리스도 신앙의 징표로서 죽음에 대한 생명의 승리인데, 부활하신 우주 그리스도(Cosmic Christ)를 고백하는 것이다.

오늘날 우주 그리스도(Cosmic Christ)는 정신과 우주를 하나로 보는 관점에서 생성되었다. 메튜 폭스는 건전한 종교는 정신적 각성을 창조해 내지만, 정신이 결핍된 종교는 썩은 냄새가 나는 우주론적 의식에 불과하다고 규정했다. 그는 우주 그리스도는 정신적 각성을 일으키며, 이 각성은 사람들에게 그들 주위와 그들 안에 있는 신의 현존을 체험할 필요성과 권리가 있다는 것을 가르친다고 주장했다. 이 각성은 그들의 정신과 마음을 우주를 향해 열어 주며, 우주에 대해서 우리는 무엇이고, 이 우주의 어디에 우리가 자리 잡고 있는가 하는 문제를 향해 마음을 열게 한다는 것이다. 마음이 깨끗한 사람은 우주 그리스도를 볼 수 있다는 의미이지 않겠는가? 곧 그는 우리는 방대한 200억 년의 역사를 가진 우주의 시민이며, 그 우주의 역사는 아직 끝나지 않았으며, 우리의 소명은 그 역사를 완성하는 것이라는 소명

의식을 촉구하는 것이다.[20]

매튜 폭스는 의식 전환의 패러다임을 요구하며 그 전환은 인간 중심주의에서 살아 있는 우주론으로,[21] 뉴턴에서 아인슈타인으로, 분리적 사고에서 전체를 향한 통합성으로, 합리주의에서 신비주의로, 최상의 덕성인 복종에서 최상의 덕성인 창조성으로, 개인적 구원에서 공동 치유로, 유신론(우리 바깥의 하느님)에서 만유재신론(우리 안에 계시는 하느님, 하느님 안에 있는 우리)으로, 타락·구속의 종교에서 창조 중심의 영성으로, 고행에서 심미로의 이행이 되어야 한다고 주장했다. 역사의 예수를 추구하던 관점이 우주 그리스도로 옮겨가야 한다는 의미는 과학의 패러다임 전환에 관한 고전인 토마스 쿤(Thomas Kuhn)의 『과학혁명의 구조』의 정신이기도 하다.[22]

프란치스코 교황의 통합 생태 회칙 「찬미받으소서」 역시 우주 그리스도의 관점에서 창조의 복음(2장 62항), 세상의 신비(76항), 우주적 친교(89항)를 설파하였다. 특히 제4장은 통합 생태론을 말하고 있다. 환경, 경제, 사회적 생태론(138-142항), 문화 생태론(143-146항), 일상생활의 생태론(147-155항)이다.

"우주적 친교에 마음을 열면, 이러한 형제애에서 그 누구도 그 무엇도 제외되지 않습니다. 그러므로 이 세상의 다른 피조물에 대한 무관

---

20) 박영은, 러시아문화와 우주철학, 민속원, 2015, 143-144.
21) 프란치스코 교황의 생태회칙 역시 현대 인간중심주의의 위기와 영향(115항-136항)을 지적하고 있다.
12) 같은 책, 144-145.

심이나 잔혹함은 언제나 어느 것이든 다른 사람을 대하는 방식에 영향을 미칩니다. 우리의 마음은 하나이어서 동물을 학대하도록 이끄는 비열함은 곧 다른 사람과의 관계에 나타나게 됩니다. 그 어떤 피조물에 대한 것이든 모든 학대는 인간의 존엄성에 어긋나는 것입니다. (……) 모든 것은 서로 관련됩니다. 모든 인간은 하느님 사랑으로 서로 엮여서 형제자매로 일치되어 멋진 순계를 하고 있습니다. 이 사랑은 모든 피조물을 위한 것으로 우리를 형제인 태양, 자매인 달, 형제인 강, 어머니인 대지와 온유한 애정으로 하나가 되도록 해 줍니다"(92항).

프란치스코 교황은 일관성 있게 강조하고 있는 것이 '연대'론이다. 「복음의 기쁨」도 교회가 세상의 변두리로 나아가기 위한 선교적 관점의 연대를 말하고 있으며, 「찬미받으소서」 역시 온 우주, 공동의 집을 돌보기 위해 인간과 자연과 생물 등 모든 피조물이 함께 연대 곧 통합할 것을 촉구한 것이다.

고고학자이자 신학자였던 테이야르 드 샤르댕(Teihard de Chardin, 1881-1995) 역시 그리스도를 인간의 본성도 신의 본성도 아닌 우주의 본성으로 이해하는 개념이 신앙인이나 신학자에게 생소한 것이 되어버린 이유를 계몽주의의 탓으로 보았다. 오늘날 여러 사상가와 신학자도 목소리를 내고 있지만, 우주 그리스도에 대한 인식이 신학 체계에서 멈추게 된 배경에는 초대 그리스도교 구원관과 관련이 있다. 인간의 죄와 구원, 그리고 내적 양심에 큰 관심을 표명했던 아우구스티누스는 우주와 정신의 모성적 근원 및 우주 그리스도를 없애려는 당대 문화 운동에 그다지 저항하지 않았고, 신학자들 역시 우주 그리스도라

는 개념을 밀쳐 버림으로써 계몽주의에 화답했던 것이다.[23]

고해성사를 보는 맑고 깨끗한 교황 프란치스코

'일어나세요! 거리로 나가 사람을 만납시다.' 교황이 된 직후, 전 세계의 여러 신문과 방송에는 교황이 부에노스아이레스의 지하철에 앉아 있고, 사제에게 고해성사를 받으며, 교황으로 선출된 날 저녁에 추기경들과 함께 버스를 타고 산타 마르타 집의 게스트 하우스로 돌아가는 사진 등이 널리 알려졌다. 교황은 이런 모습들이 아무 일도 아닌 데 왜들 그리 소란을 피우는지 몰랐다. 교황에게 이런 모습들은 일상에서 이루어진 평범한 삶이었다.

교황은 "버스보다 더 간단하고 평범한 교통수단은 없지 않느냐."라고 묻는다. 교황이 대중교통을 이용해 다니는 데는 여러 가지 이유가 있다. 건강에도 좋고 환경에도 좋지만, 교황이 말하고 싶은 것은 맑고 건강한 인간관계를 만들 수 있다는 점을 강조한다. 하느님의 사랑이 움직이는 프란치스코 교황, 성 프란치스코의 삶을 맑고 깨끗하게 그대로 담고 있다.

---

23) 같은 책, 146.

제8부

—

사랑은 의로운
평화입니다

제8부

사랑은 의로운
평화입니다

사랑은 정의이고 평화이다

독일에서 교통사고가 나면 대부분 대형 사고지만, 이탈리아의 도로에서 사고가 나면 그냥 교통사고다. 독일은 원칙을 중심으로 움직이기 때문에 규칙을 어기면 큰 사고로 이어진다. 이탈리아는 원칙을 존중은 하지만 사람을 중심으로 여유 있게 사회가 돌아간다. 그래서 젊은 독일 친구들이 이탈리아에서 생활하다가 다시 독일 고국으로 돌아가 그 원칙 생활에 익숙하기까지 시간이 필요하다고 말한다.

캐나다 몬트리올에서 올림픽이 열렸을 때 캐나다 교통경찰은 로마에서 가장 혼잡한 베네치아 광장의 교통경찰을 초청하여 그들에게 교육을 받았단다. 캐나다에서 교통질서가 잘 지켜지지만, 위험한 상황이 닥치면 로마의 베네치아 광장의 전문가를 부르곤 했다고 말한다. 이탈리아인은 극심한 혼란 한가운데서도 사람 안전을 위한 일종의 거리를 둘 줄 알기에 그들은 혼란의 순간에 상황을 꿰뚫어 보고 지혜롭고 올바른 결정을 내릴 줄 안다고 한다.

정의란 무엇인가? 교통질서를 예로 든다면 이탈리아인의 운전 관습처럼 일종의 거리 둘 줄을 아는 것이라고 본다. 내가 다른 사람에게 그의 거리를 허용함으로써, 동시에 나 역시 내 거리를 유지하고 갈 권리라고 할까? 그렇게 함으로써 나와 다른 사람에게 개인과 공유의 공간을 확보할 수 있다. 내가 고립되어 운전할 수 없고 늘 다른 사람의 거리에 의존되어 있음을 받아들임으로써 나는 나와 주위 사람을 위한 거리를 나누어 공유하는 것이 정의와 평화를 이룰 수 있는 방법이라고 생각한다.

플라톤은 인간이 살아가는 목표를 세 가지로 말한다. 첫째는 행복이고, 둘째는 아는 것에 대한 능동적인 실천이며, 셋째는 우리 마음이 가장 참된 존재이신 하느님을 관상하는 상태다. 여기에 영향을 받은 초기 그리스도교는 하느님을 알아차리는 인식으로부터 오는 행복을 말하고 있다.

"세상의 어떤 것도 하느님을 아는 것과 동일한 기쁨을 주는 것은 없다."라고 영성가 에바그리우스는 말한다. 오늘의 세상도 누구에게나 예외 없이 인생의 궁극적인 목표가 행복이라고 말한다. 수많은 자기 계발서도 '나를 행복하게 만들 의미 있는 목표를 세우라.'라고 야단한다. 그런데 대부분 사람들이 추구하는 행복에는 돈이 목표가 된 인생들이 적지 않다.

지금까지 『사랑을 인터뷰하다』를 진행하는 여정에서 중간 목표 지점을 향해 걸어왔다. 하지만 『사랑을 인터뷰하다』에 실천적으로 아주 중요한 문제는 정의와 평화다. 이 문제가 너무나 깊고 방대해서 성체성사를 바탕으로 쪼개는 성체 흘리는 성혈의 정신이 세상에서 실현하는 세상을 위한 성체성사로 옮겨간다. 그러면 세상을 위해 쪼개지는 성체는 무엇이고, 세상을 위해 흘린 성혈은 어느 곳인지를 찾아보고자 한다.

쪼개는 몸, 흘리는 피

책은 저자의 인격을 반영한다. 예수 그리스도의 인격은 최후의 만찬에서 제자들의 발을 씻어 주고 새 계명을 주는 복음서에서 만난다. 베네딕토 16세 교황은 특별히 "파스카의 신비에 비추어서 예수님의 인격을 보아야 한다."라고 말씀한다.

성체성사는 제자들의 발을 씻어 주고, 그들에게 사랑의 새 계명을 준 예수님의 선물이다. 예수님은 제자들에게 이 성체성사를 거행할 것을 명하였고 빵을 떼어 나누는 성체성사는 교회를 구성하는 근본 요소가 된다.

예수님은 유다인의 파스카 축제가 시작되기 전 날 목요일에 최후의 만찬을 제자들과 함께 하였고 그 다음날 금요일 9시경 십자가에서 돌아가셨다. 유다인은 파스카 축제 기간 중에는 죄인을 재판하고 형을 집행하지 않기 때문에 금요일 오후부터 그 다음날 토요일까지 파스카 축제를 거행하였다. 그러므로 예수님은 유다인의 파스카 예식이 아니라 자신을 양으로 내어 바치는 예수의 파스카(루카 22,15-16) 식사를 제자들과 나눈 것이다.

예수의 최후만찬은 새로운 파스카로 해석할 수 있다(1코린 5,7). 성체성사는 이스라엘 백성의 이집트 종살이에서 해방된 근원적 사건을 기념하는 식사다. 하지만 이 최후 만찬에서 중심은 유다교 예식이 아니라 예수의 존재 자체이다. 예수님이 유다의 전승의 파스카 식사에 새로움을 부여한 것이다.

베네딕토 16세 교황은 빵을 쪼개는 행위가 가장의 역할을 표현한다고 본다. 가장은 땅의 부요를 통해 가족들에게 필요한 것을 부여하는 아버지 하느님을 대리한다. 빵을 쪼개는 행위는 손님 접대를 위한 행위이기도 하다. 이제 이 식탁에는 유다인들 만이 아니라 예수님에 의해 초대된 세상의 모든 사람이 앉을 수 있다. 성체성사에 참여하는 사람들의 봉사가 제한되지 않는다는 의미이다.

예수님의 십자가에서 인류를 위한 그리스도의 속죄 행위와 인간을 위한 그리스도의 사랑이 극명하게 드러난다. 바로 자신을 내어 주는 사랑, 고통을 감내하는 사랑이다. 예수님은 십자가 위에서 사랑의 완성을 이루고 사람들에게는 당신 자신을 내어 준다. 베네딕토 16세 교황은 십자가 위에서 드러난 예수님의 사랑이 행동으로만이 아니라 "아버지, 저들을 용서하여 주십시오."(루카 23,34)라는 말씀을 통해서도 사랑이 드러난다고 본다.

예수님은 "행복하여라, 의로움 때문에 박해를 받는 사람들! 하늘 나라가 그들의 것이다."(마태 5,11)라고 선포했던 이 말씀으로 자신을 따르는 이들 뿐만 아니라, 자신을 십자가 죽음에 이르게 한 이들을 위해서도 기도하는 것을 알 수 있다. 어떠한 사람, 심지어 무지로 인해 예수를 거부하고 십자가에 못 박는 사람도 예수님이 사랑하는 대상에서 제외될 수 없다는 것을 보여 준다. 그들은 바로 예수 옆에서 십자가에 매달린 강도들이다. 로마의 힘에 맞서 반란을 저지른 것으로 여겨지는 이들이기에 사형을 받아 마땅해 보이지만 예수님은 강도를 그렇게 판단하지 않는다. 예수님은 회개하고 자신에게 믿음을 둔 강도에게 낙원을 약속한다(루카 23,43).

사람들은 오늘보다 내일이 나을 것이라고 말하면서 서로서로 용기를 주고받는다. 이 믿음은 삶의 기둥이다. 그것을 잃은 사람은 삶을 잃은 사람과 같다. 단테는 지옥문 앞에서 "모든 희망을 내려놓고, 또 그곳으로 들어가는 당신들도 버려라." 하고 썼다. 반대로 하늘나라는 모든 약속들의 성취로 표현한다. 정말 하느님 나라가 가까이 왔나? 영성가들은 다양한 뜻을 전한다. 하늘나라가 가까이 왔다. 왜냐하면 그 나라는 손에 닿을 곳에 있기 때문에 누구든지 그것을 포착할 수 있다. 하늘나라는 내적이기 때문에 가깝다. 진정한 회심으로 낙원을 약속받은 강도처럼 하느님을 믿는 자의 정신 안에 벌써 그 나라가 임하기 때문이다. 그리스도의 몸을 받아먹는 자는 이미 영생과 육신들의 부활을 취하기에 가깝다. 믿는 이들에게 눈이 열리고, 하느님 은

충의 충만을 모든 것 안에서 보기 때문에 가깝다.

권력보다 사랑을 택한 사람

복음에서 빌라도는 예수님께 "당신이 유다인들의 임금이오?" 하고 묻는다. 하지만 예수님께서 보여 준 메시아로서 왕과, 군중과 바리사이 그리고 빌라도가 바라보는 왕으로서의 메시아는 매우 다르다. 빌라도가 말하는 왕은 이스라엘 백성이 기다린 정치와 사회, 더 나아가 국가의 해방자 메시아를 뜻한다.

세상이 바라는 권력을 바라는 빌라도는 백성이 로마의 통치에 권태를 느끼고 경멸하는 것에 부담이 있었다. 로마제국 정치의 본토인 로마에 진출하려는 목표 때문이다. 변방 팔레스타인에서 생기는 문제가 출세의 걸림돌이 될 수 있었다. 빌라도는 예수님과 백성에 대한 두려움이 있었다. 세상의 힘을 향해 가는 빌라도의 심정은 불안한 아이와 같다.

일본 가톨릭 작가 엔도 슈샤쿠가 쓴 소설 『사해 부근에서』에 빌라도와 예수님 대화가 나온다.

빌라도는 침묵 속에서 사나이(예수)가 자기를 지켜보고 있다는 것을 알았다.

"나로서도 어떻게 할 수가 없네."

빌라도는 지친 목소리로 말했다.

"그대는 죽지 않으면 안 될 것 같네. 그대를 따라다니던 자들은 다

어디로 갔나?"

사나이는 계속 빌라도를 바라보기만 했다.

"민중이란 그런 거지. 그런데 왜 돌아왔나? 왜 나를 말려들게 하나? 나는 편한 마음으로 예루살렘에서 가이사리아로 돌아가고 싶었는데."

"나는 한 사람의 인생을 스쳐 간다고 말했습니다."(예수)

"그렇다면 내 인생도 스쳐갈 셈인가?"

"그렇습니다."

"그리고 내 인생에도 그대의 흔적을 남길 셈인가?"

세이아누스의 저택에서 마룻바닥을 닦고 있는 꿈속의 어머니, 그것이 또 망상처럼 떠올랐다(빌라도는 하층 계급 출신으로 유다 총독까지 됐지만, 신분 유지를 위해 어머니를 모른 체했다. 어머니는 세이아누스 저택의 청소부로 살다 죽었다).

"나는 그대를 잊을 걸세."

그는 사나이에게가 아니라 마음속에 떠오른 어머니 얼굴을 향해 그렇게 말했다. 사나이 몸이 조금 움직였다. 그리고 나직하지만 강한 확신이 담긴 목소리로 말했다.

"당신은 잊을 수 없을 겁니다. 내가 한 번 그 인생을 스쳐 가면 그 사람은 나를 잊지 못하게 됩니다."

"왜지?"

"내가 그 사람을 언제까지나 사랑하기 때문입니다."

그때 창밖에서 바라빠를 살리고 예수를 죽이라는 군중의 고함이

합창처럼 들려왔다.

종으로 사신 사랑의 왕, 주님은 자신의 왕국이 이 세상의 가치를 뛰어넘는 천상적이라고 말씀하신다. 그 나라는 하느님 나라다. 예수님은 하느님의 진리를 증거하고자 태어나셨고 세상에 오셨다(요한 1,1-18). 그 왕국은 진리가 영원히 실현되는, 예수님이 성령 안에서 십자가 위에서 피와 물을 쏟으며 진실되게 증거하는 나라다.

결정적으로 주님이 보여 주신 메시아의 모습은 겸손한 왕이다. 왕이지만 종으로 살아가신 메시아인 것이다. 오늘의 교회는 종으로서 사신 주님의 왕직을 증거하는가, 예수님께 대한 우리의 자세는 어떤가를 돌아보아야 한다.

십자가 위의 선한 도둑의 모습을 기억하자. "예수님, 선생님의 나라에 들어가실 때 저를 기억해 주십시오"(루카 23,42). 진심으로 참회하는 사람은 주님의 낙원에 초대된다. "너는 오늘 나와 함께 낙원에 있을 것이다."

하지만 우리 교회는 사랑보다는 빌라도처럼 권력이나 힘에 치우치는 것은 아닐까? 하느님을 사랑하는 것보다 하느님이 되는 게 더 쉽다고 생각하는 것은 아닐까? 사람을 사랑하는 것보다 지배하기가 더 쉬울지 모른다.

선한 도둑의 믿음과 희망은 예수께서 부활이고 생명이요, 오직 주님만이 그것을 실현하실 수 있다는 것을 보여 준다. 주님의 나라는 십자가로 지배되는 왕국이다. 그 왕국이 바로 여기 십자가에 있다. 십자가는 사랑이 핵심이다. 예수 그리스도를 통해서 그것을 완전하게 배울 수 있다.

부활, 진실이 되살아나는 순간

예수님의 부활을 목격한 자는 여인들 외에 경비병들도 있었다. 그들은 일어난 일을 모두 수석 사제에게 알렸다. 수석 사제와 원로들은 이 소식을 듣고 군사들에게 많은 돈을 주면서 거짓을 말하게 하였다. 그들은 "예수의 제자들이 밤중에 와서 우리가 잠든 사이에 시체를 훔쳐 갔다."라며 모사를 꾸민다. 예수님을 십자가형에 처할 때도 그렇게 하더니 예수님이 부활한 사실도 침묵을 지키자고 한다. 부적절한 동의에 늘 한몫을 단단히 하는 것은 유다도 동의한 것으로, 바로 돈이다. 예수님을 죽이기로 작정한 사건이 '성전정화'라고 성경학자들은 말한다. 돈과 관련 있다. 유다 종교지도자들과 로마 권력의 총독은 그리스도를 거부하였다. 예수님을 죽이고, 그리스도의 부활을 거부하는데 모두 동의하며 침묵하였다.

2014년 4월 16일 발생한 세월호 참사에는 우리 사회에 누적된 부패와 비합리적 관행과 책임 부재의 구조적 문제가 복잡하게 얽혀 있다. 이런 것들을 밝혀 바로잡지 않고서는 우리 사회에 진정한 부활이 과연 찾아올 수 있을까? 악플이 이기는 데 조건은 선플의 무관심이 한몫을 한다.

부활은 진실이 되살아나는 순간이다. 진실을 거부하면 진리는 멀리 도망간다. 진실과 진리가 분리되면 모두에게 부적합한 사회가 된다. 죽음이 보이는 세상과의 접촉을 끊게 한다면, 부활은 보이지 않는 세상에 눈을 뜨게 한다. 지상 생활이 깨어 있는 삶이고 죽음이 잠을 자는 것이라면, 부활의 증인들에게는 지상 생활이 잠을 자는 것이고, 죽음은 잠에서 다시 깨어남이며 예수님으로부터 영원한 생명을 얻는 것이다.

예수님은 지상 생활에서 종종 병자들을 치유하였다. 부활의 전형을 보여 준 것이다. 부활은 전혀 다른 새로운 생명으로 나타나는 그렇게 근본적인 치유로 다가온다. 부활은 자유와 해방 그리고 영원한 생명을 드러낸다. 일본군 위안부 피해자들에게 부활은 거짓의 속박에서 해방되는 완전한 치유를 선물 받는 것이다. 일본 정부가 잘못을 인정하는 순간, 진실이 되살아나고, 위안부 피해자들의 부활은 비로소 시작한다.

사람들이 짙은 안개로 길을 잃었다. 그들은 소리를 계속해서 질렀다. 서로 헤어지지 않고 함께 있는 것을 확인하기 위해서였다. 안개가 사라진 다음 즉시 사람 수를 세어 보니 모두 살았다. 그들은 '다! 살았다'라며, 서로 깊은 포옹과 악수를 하였다. 어두운 안개가 우리를 갈라놓아서 서로 알지 못하지만, 우리가 헤어지지 않도록 소리를 크게 지른다면, 생명은 안개를 사라지게 할 것이다. 그럴 때 땅 위에 살아 있는 모든 이와 손을 마주 잡을 수 있다.

우리 사회가 정치·경제의 어려움, 젊은이들의 일자리 부재 등 어두운 안개 속에서도 모두 일치하며 희망을 소리쳐야 한다. 생각과 뜻이 달라도 모두 힘을 모아 나라와 세상의 평화를 위해 손을 맞잡고 크게 소리 질러야 한다. '그대여! 일어나 나아가라.'

2014년 8월 14일 한국을 방문한 첫날 프란치스코 교황은 청와대 연설에서 "한국의 미래는 이 국민들 가운데 현명하고 덕망 있고 영적으로 깊이 있는 사람들이 얼마나 함께 하느냐에 달려 있다."라고 전했고, 한국을 떠나는 날 미사에서 대립과 반목을 넘어선 용서야말로, 진정한 화해를 이루고 남북통일과 한반도 평화를 이룰 수 있는 길이라고 강조하였다. "한국은 하나입니다. 같은 언어를 말하고 있습니다. 바로 가족의 언어 말입니다. 이것이 희망의 첫 번째 요소입니다." 교황은 가족은 품어야 할 사랑의 대상이지 무엇을 베푸는 상대가 아니라며, 남북이 하나가 되는, 새로운 희망의 길이 열릴 것이라고 약속하였다.

사랑은 아낌없는 나눔

수전노는 갈망을 위해 돈을 모은다. "더 큰 것들을 지어, 거기에다 내 모든 곡식과 재물을 모아 두어야겠다"(루카 12,18). 그에게 필요한 것은 돈이 아니라, 돈이 필요한 자신이다. 돈은 인간에게 시간과 꿈 그리고 건강을 훔친다. 생명도 훔친다. 왜냐하면 모으는 갈망이 소유보다 더 기쁠 수 없기 때문이다. 인색함은 모으는 병이다. "많은 재산을 쌓아 두었으니, 쉬면서 먹고 마시며 즐겨라"(루카 12,19). 미래를 위한 안전 추구는 역시 한계를 지닌다. 은행에 있는 돈, 논에 있는 수확물, 연금 기금 이 모든 것은 정치적 또는 경제적 위기로 붕괴될 수 있다. 유일한 안전은 하느님의 섭리다. 교부들은 금과 보석들이 우리를 구원할 수 있다고 믿는 것은 우상 숭배에 빠지는 것을 뜻했다. 지혜로운 사람은 필요한 때를 위해 은행에 돈을 보관한다. 하느님은 우리의 유일한 안전이다.

"네가 마련해 둔 것은 누구 차지가 되겠느냐?"(루카 12,20) 여행을 할 때 미국 달러가 필요하다. 하지만 세상 끝 넘어 죽음 후 모두가 떠나는 긴 여행에서 우리는 무슨 화폐가 필요할까?

고대 그리스인들은 죽은 자의 입에 뱃삯으로 동전 하나를 넣는다. 통행료를 지불해야 죽은 자들의 나라에서 떨어져 나가는 강을 건넜다. 고대 사람들은 무덤에 음식을 넣곤 하였다. 저승에 가는 동안 배고픈 고통을 느끼지 않기 위해서다, 누구도 세상 저 건너편에 그들의 이익들을 옮겨 나를 수 없다.

그리스도인은 세상을 마치고 하늘나라로 여행을 떠날 때 어떤 화폐가 필요할까? 성 요한금구에 따르면 영생을 위해 오직 한 가지 화폐만이 가치가 있다. 바로 사랑(caritas)다. 사랑으로 영원한 생명을 얻는 여정을 떠날 수 있다. 우리의 보화들을 이 가치로 빨리 환전해야 한다. 왜냐하면 우리의 돈은 가난한 자들과 나눌 때 하늘에 보화를 발견한다. 요한금구 성인은 결론을 맺는다. 인간은 이웃에게 자신의 보물을 선물한 만큼만 저쪽으로 옮길 수 있다.

예수님께서 부자들이 큰돈을 헌금함에 넣는 것과 가난한 과부 한 사람이 렙톤 두 닢을 넣는 것을 보시고, "내가 진실로 너희에게 말한다. 저 가난한 과부가 헌금함에 돈을 넣은 다른 모든 사람보다 더 많이 넣었다."라고 말씀하신다. 우리는 얼마 전까지 해외에서 도움을 받던 처지였다. 이제 어려운 나라를 돕는 나라와 교회가 되었다. 교회만이 아니라 세상 어디서나 헌금을 원하고 있다. 가난한 과부의 헌금이 절실히 요청되는 시대인 듯하다.

부자가 큰돈을 헌금함에 넣는 것은 선의보다는 자기에게 더 많은 것이 필요하기 때문인 듯하다. 부자들 헌금은 보상을 위한 행동으로 보일 때가 많다. 헌금으로 하느님의 큰 복을 얻으려는 속셈이 있다고 생각하면 과장된 것일까?

성경은 부유함을 하느님께서 주신 선물이라고 한다. 사람은 그 선물을 교환하면서 서로에게 애정과 관심을 기울여야 한다. 하느님 선물에 먼저 감사를 드릴 때, 선물의 목적이 이루어진다. 불행하게도 부자의 문제는 그 선물이 더는 필요하지 않다는 점이다. 부자는 모든 것을 소유했다. 부자들 문제는 부유함이 아니라 하느님 강복의 뿌리를 잊고 사는 것이다.

복음은 강복에 감사하지 않으면 오만함으로 죄를 짓고, 결국 모든 것을 잃는 신세가 된다고 이야기한다(루카 12,15-21). 부자들은 하느님께 모든 것을 받았다. 물질 뿐 아니라 영적인 것도 받았다. 그런데 물질에 대한 원의와 열정은 뜨겁지만 나누는 영적인 모습은 미지근하게 보인다.

가난한 과부 헌금처럼, 자신이 가진 것을 아낌없이 드릴 때 주님의 복을 받는다. 부자는 가난한 과부 마음을 배워야 한다. 구약에서 하느님 축복은 아브라함을 통해 땅과 자손에 대한 약속으로 이어졌다. 신약에서 하느님 축복은 물질적 부유함을 넘어 영적 부유함까지 말하고 있다. 사람이 소유하는 재산은 하느님 축복이다. 일하며 사는

데 필요한 것이다. 그럼 소유하고 남는 것은 누구 재산이며, 필요한 재산과 남은 재산을 어떻게 구별할까?

성 바실리우스는 "남는 재산은 우리 재산이 아니라, 가난한 자들에게 속한 재산"이라고 했다. 성 요한크리소스토무스도 "가난한 자에게 자선하는 돈은 이 세상의 은행에서 하늘나라의 영원한 세상으로 저금하는 것이며, 그곳에서 사랑으로 전달한 것을 찾을 수 있다."라고 하였다.

경제적으로 어려운 사람이 헌금을 많이 하는 이유가 흥미롭다. 이탈리아 국영 텔레비전에서 조사한 통계를 본 적이 있다. 자동차가 신호에 걸리면, 외국인 노동자가 서 있는 차의 앞 유리를 재빨리 닦는다. 운전자는 그들에게 동전 몇 닢을 건넨다. 그런데 동전이 가장 많이 걷힌 도시는 잘 사는 밀라노가 아니라 경제적으로 어려운 나폴리였다.

가난한 자가 봉헌하는 적은 헌금에는 하느님 축복을 진심으로 청하는 마음이 담겨 있다. 가난한 자의 헌금은 축복 자체인 듯하다. 러시아 옛 영성 생활 지침서는 다음과 같이 충고한다. "가난한 이들이 도움을 청할 때, 십자가 징표를 보이시오. 가방에 손을 넣어 가난한 이웃에게 헌금하시오. 형제여, 하느님께서 그대에게 축복하십니다. 하느님은 그대를 통해 당신과 이웃을 위해 무엇인가를 주십니다. 그것을 받아가시오." 이슬람 사람들도 비슷하게 말한다. "알라께서 그대에게 축복하십니다. 당신의 축복을 이웃과 함께 나누시오."

렙톤 두 닢은 현재의 우리 돈 1,500원 정도다. 시간을 돈에 비유한다. 사람이 노동으로 한 시간에 버는 돈은 얼마나 될까? 매일 일거리를 찾는 사람은 얼마나 많은 시간을 기다려야 할까? 버스 기다리기, 승강기 앞에 서 있기, 사람 기다리기, 회의 시간 기다리기. 시간이 돈이라면 이러한 시간은 돈가방에서 떨어져 나가는 동전인 셈이다.

이 모든 순간의 시간을 주워 모으자. 그리고 주님께 봉헌하자! 하느님의 보물함에 던져 헌금하자! 짧은 기도와 함께 버리는 시간을 영적으로 풍요롭게 저축하고 채우자. 그러면 얼마나 더 단순하고 귀중한 기도가 마음에서 나올까? 가난한 과부의 헌금과 같은 영적 풍요를 채울 수 있을 것이다. 사랑은 나눔이다.

긴급 구호와 더치페이(Dutch pay)

2010년 1월 11일 아이티 대지진으로 수많은 사상자가 발생하였다. 한국은 대재앙 수준의 지진이 발생한 아이티에 즉시 긴급 구호팀을 파견하였다. 빈곤과 질병으로 신음하는 아이티의 노인 마을을 운영해 달라는 요청도 들어왔다. 한국천주교회 예수의 꽃동네 형제회와 자매회 수사 수녀들도 현지에 파견되어 노인 마을 자립을 돕고 있다.

국제구호활동가 한비야(비아) 씨는 대한민국 국토를 넓힌 '광개토여왕'이라는 별명을 얻으며, 세계 곳곳의 긴급 구호 현장을 누볐다. 그가 경험한 긴급 구호 체험을 담은 『지도 밖으로 행군하라』라는 책을 읽고 해외 빈곤 아동 후원을 신청한 사람이 6만 명이 넘는다.

그들 가운데는 정기 후원을 위해 아르바이트 시간을 늘린 대학생과 매달 돈을 모아 한 아이를 돌보는 초등학생 학급도 있다. 쥐꼬리

만한 월급 7만여 원을 받으며 후원에 동참하는 이등병, 심지어 정부 보조금으로 받는 생활비 17만 원 가운데 다달이 2만 원을 내놓는 기초생활보장 수급자도 있다. 구호활동가의 삶이 많은 이의 생각과 의식을 깨워 움직인 사례다.

외국 도움을 받던 한국 교회도 역시 도움이 필요한 나라에 나눔을 실천하고 있다. 남미와 아프리카, 몽골, 동티모르 등에 한국 사제와 수도자, 평신도 선교사들이 파견돼 활동하고 있다. 교구마다 학생 해외봉사활동 역시 활발하다.

이스라엘 자손들의 온 공동체가 광야에서 모세와 아론에게 "당신들은 이 무리를 모조리 굶겨 죽이려고, 우리를 이 광야로 끌고 왔소?"(탈출 16,3) 하고 불평했다. 주님은 모세에게 "이제 내가 하늘에서 너희에게 양식을 비처럼 내려 줄 터이니"(탈출 16,4) "너희가 저녁 어스름에는 고기를 먹고, 아침에는 양식을 배불리 먹을 것이다."(탈출 16,12) 하고 말씀하셨다. "그날 저녁에 메추라기 떼가 날아와 진영을 덮었다 ……. 주님께서 먹으라고 주신 양식이다"(탈출 16,13-15). 하느님께서 모세를 통해 광야에서 불평하며 고통을 호소하는 이스라엘 공동체에게 긴급하게 구호 양식을 내려 주신 장면이다.

한편 복음의 오천 명을 배불리 먹인 기적을 어떻게 바라볼 수 있을까? 물고기 두 개와 빵 다섯 개를 가지고 모두 배불리 먹고 남은 광주리가 열두 개나 됐다. 사람들은 기적을 보고 "이분은 정말 세상에 오시기로 되어 있는 예언자시다." 하고 말하며 예수님을 억지로 모셔다가 임금으로 삼으려 했다. 주님은 이것을 아시고 혼자 산으로 물러

가셨는데도 그들은 예수님을 계속해서 찾았다(요한 6,14-15 참조). 주님은 그들 속셈을 알아차리시고 "너희는 썩어 없어질 양식을 얻으려고 힘쓰지 말고, 영원한 생명을 누리게 하는 양식을 얻으려고 힘써라."(요한 6,27) 하고 말씀하신다.

하늘에서 떨어진 구약의 만나 기적 같은 긴급 구호와 달리 오천 명을 먹이신 기적은 더치페이(Dutch pay; 비용을 각자 부담하는 일)처럼 스스로 가지고 있는 먹을거리, 생명 거리를 십시일반으로 나누어 먹고도 풍요로웠다는 표징을 뜻한다. 이는 하늘에서 내려와 세상에 생명을 주는 예수님 자신이 빵이라는 것을 의미한다.

이 같은 표징은 우리 사회에서도 발견할 수 있다. 김수환 추기경의 안구 기증과 이태석 신부의 희생이 그것이다. 사랑의 열매 같은 사회 복지 공동모금운동과 서울대교구의 한마음한몸운동 역시 표징이다. "내 몸이 쓸모가 있다면 기꺼이 나누겠다. 사랑을 받고 있는 존재이기에 나누는 것은 당연하다."라고 말씀하신 김 추기경의 정신을 실천하는 재단법인 바보나눔, 그리고 대전교구 한 끼 백 원 나누기 운동도 오병이어 같은 생활 나눔의 기적이다.

생활 속의 복음은 긴급 구호든 생활 속 나눔이든 이웃 한 사람 한 사람에게 지금 참된 생명의 빵이 되어 주는 표징이라고 말한다. 다음으로 미루지 말고 현재 내가 할 수 있는 작은 나눔은 생명의 빵이 되는 길이다. "하늘에서 너희에게 참된 빵을 내려 주시는 분은 내 아버지시다. 하느님의 빵은 하늘에서 내려와 세상에 생명을 주는 빵이다……. 내가 생명의 빵이다. 나에게 오는 사람은 결코 배고프지 않을 것이며, 나를 믿는 사람은 결코 목마르지 않을 것이다"(요한 6,32-35).

의로움에 주리고 목마른 사람들

의로움은 성경의 핵심이다. 의로움은 배고프고 굶주리는 것은 반드시 찾아야 하는 생명에 관한 것과 같은 뜻이다. 배부르게 될 것이고 곁들여 받게 될 것이기 때문이다. 베네딕토 16세 교황은 의로움에 주리고 목마른 이들을 그리워하는 이들로 표현하면서, 눈앞의 것에 만족하지 않고, 좀 더 위대한 것으로 나아가기를 바라는, 예수의 탄생 때에 나타난 동방 박사와 같은 이들이라고 말한다. 그들은 하느님이 세상에 보내 주시는 여린 신호를 들을 수 있고 볼 수 있는 내적 감정을 소유하고 인습이라는 이름의 독재를 타파하는 사람들이다.

"너희는 먼저 하느님의 나라와 그분의 의로움을 찾아라. 그러면 이 모든 것도 곁들여 받게 될 것이다"(마태 6,33).

의로움이란 줘야 할 것을 주는 것이다. 이것이 성경에서 정의이다. 하느님께 드릴 것을 드릴 때 계명과 계약 곧 하느님의 뜻을 실행하는 의인이다. 요셉 성인은 의인이다. 의인의 완성, 의인 가운데 의인은 예수님이다. 예수님께서 세례자 요한에게 세례를 받으시며 말씀하신다. "지금은 이대로 하십시오. 우리는 이렇게 해서 마땅히 모든 의로움을 이루어야 합니다"(마태 3,15).
겟세마니 동산에서 예수님께서 기도하신다.

"아버지, 아버지께서 원하시면 이 잔을 저에게서 거두어 주십시오. 그러나 제 뜻이 아니라 아버지의 뜻이 이루어지게 하십시오"(루카 22,42).

주님의 세례는 십자가 죽음의 상징으로서 그리스도의 수난과 죽음으로 완성된다. 개인 차원의 의로움이 사회 차원으로 실천되어야 한다. 사회의 의로움은 자신의 의로움을 실천하는 것이다. 내가 의롭지 않다는 것을 뼈아프게 느끼는 것도 의로움의 시작이다. 포기하지 말고 비관하지 않으며 꿈을 보존하는 것이 진정한 의로움에 대한 굶주림이다. 매일 새롭게 시작하는 것, 우리 힘으로 안 된다는 것을 인정하지만 힘을 달라고 청해야 한다. 하느님께서 반드시 좋은 것을 주시기 때문이다.

세상의 의로움은 하느님의 의로움을 고대하고 세상에서 구현할 때 이루어진다. 주님의 기도는 진정 하느님의 의로움을 갈망하는 자의 기도이다. 세상은 하느님의 뜻대로 돌아가지 않는 것이 명백하다. 그러므로 하느님의 뜻과 그 가치를 찾고 받아들이는 것이 중요하다. 서로 용서하고 도우며 협조를 하는 것이다. 그런 세상이 바로 평화와 정의와 연결된 세상, 모두 사람답게 사는 세상이 된다.

마태오복음은 사회 정의를 품고 있다. 빈부 차이는 하느님의 뜻이 아니라고 적고 있다. 억압과 착취가 하느님의 뜻이 결코 아니다. 하느님은 공평한 분, 공정한 분배를 원하신다. 육체의 굶주림이 사라지고 공평하며 배고픈 자가 배부르게 되기를 바란다.

하느님께서 원하시는 정의로운 사회와 달리 착취의 경제, 경제의 노예, 시장 중심의 사회는 매우 평화를 위협한다. 모든 이가 잘 사는 사회, 나눔의 사회, 궁핍한 사람이 없는 사회가 하느님께서 바라시는 평화로운 나라다. 모든 이가 필요에 따라 갖게 되는 사회가 평화로운 나라다. 하지만 현실은 힘과 능력에 따라 필요 이상의 것을 소유하는 사람들의 나라다. 돈의 힘과 경제로 강력한 세력을 소유한 사람들의 세상이다. 그런 점에서 사유 재산은 우상이다. 신자유주의야 말로 힘 센 자의 자유다. 가난한 자는 노예와 같은 삶을 사는 세상이 되어 버렸다. 나라에서 왕의 책임은 빈자를 돌보는 것이다. 이것이 평화를 이루는 사람들의 행복이다. 정부의 책임은 국민들이 필요에 따라 갖게 하는 것이다. 사회 개혁과 정치, 경제인들을 위한 기도가 절실하다.

의로움 때문에 박해를 받는 사람들

의로움 때문에 박해를 받는 사람들(마태 5,10)은 누구인가? 어떻게 살아야 의로움 때문에 박해를 받는 것일까? 당연히 하느님의 의로움으로 사는 사람들이다. 사람은 하느님의 뜻에서 멀어지려 하고 제 뜻만 따라 살려고 애쓴다. 하지만 하느님의 의로움으로 사는 자는 늘 세상과 권력에 반대한다. 그래서 그들은 박해를 받을 수밖에 없는 것이다. 그러한 삶의 모범이 바로 예수 그리스도다. 세상의 박해는 십자가에 달리신 분을 뒤따르라는 초대인 것이다. 예수님은 슬퍼하는 사람들에게 위로를, 박해를 받는 이들에게는 하느님 나라를 약속하셨다. 마음이 가난한 이들에게 주신 약속과 같은 말씀이다.

가장 알아듣기 어려운 행복 선언이다. 하지만 그리스도교 행복에서 가장 절정의 행복이다. 왜 그럴까? 바로 예수님의 모습이기 때문이다. 예언자들의 운명을 받으셨기 때문이고 예수님은 의로움에 목말라 하시는 분이다.

"불행하여라, 너희 위선자 율법 학자들과 바리사이들아! 너희가 예언자들의 무덤을 만들고 의인들의 묘를 꾸미면서, '우리가 조상들 시대에 살았더라면 예언자들을 죽이는 일에 가담하지 않았을 것이다.'라고 말하기 때문이다"(마태 23,29).

마태오복음은 하느님의 뜻을 추구하는 것을 의로움이라고 적고 있다. 율법학자와 바리사이들의 의로움보다 넉넉하고 넘친다. 의로움에 대한 새로운 관점이다. 이 때문에 예수님은 그들로부터 도전과 미움을 받게 된다. 그들의 권위에 도전하였다. 예수님의 십자가는 인간의 현실, 세상 형편을 드러낸다. 처음부터 잘못된 인류 역사를 드러냈다. 그 구원의 길은 십자가밖에 없다.

"사랑하는 여러분, 시련의 불길이 여러분 가운데에 일어나더라도 무슨 이상한 일이나 생긴 것처럼 놀라지 마십시오"(1베드 4,12). 신앙 때문에 어려움을 받는 것이기 때문이다.

마태오복음은 덕행을 루카복음은 자비를 마음속에 담아 박해가 찾아가도 이겨 낼 수 있는 힘이라고 말한다. 박해를 당하지 않을 수도 있지만 당하면 기뻐하라. 원수를 사랑하는 것을 말하는 것과 같다. 원수 사랑의 극치가 바로 박해를 이겨 내는 힘이고 평화를 이루는 사람들이다. 그리스도 때문에 박해를 받는 데는 다음과 같은 이유들이 있다. 종교적인 박해의 김대건 신부님, 윤리적인 문제의 마리아 고레티, 이웃 사랑의 막시밀리안 콜베 신부님, 정의의 로메로 대주교. 이들은 철저히 예수님을 따랐다. 우리는 예수님과 달리 우리의 죄 때문에 비판 받는 것을 반성하면서 정확하게 그분의 의로움을 바라보아야 한다.

마음에서 크는 평화

평화는 성경에서 메시아가 한 약속 가운데 하나다. 구세주는 평화의 왕으로 나타날 것이라고 전하였다. 예수님께서는 이 평화를 실현하는 약속을 지속화하시고 지키겠다는 말씀을 하신다. 그런데 예수님께서 주시는 평화는 분명 물질이 아니라 영적이다. 어떤 적도 물리칠 수 있는 힘의 무장과 최고의 방어 수단으로 평화를 말씀하시지 않으신다. 이보다 더 큰 선물이 바로 영적 평화다. "하느님의 나라는 보라, 너희 가운데에 있다"(루카 17,21).

사람 안에 하느님의 나라가 있듯이 메시아의 평화 역시 마음 안에 자리 잡고 자란다. "내가 주는 평화는 세상이 주는 평화와 같지 않다"(요한 14,27). 그리스도의 평화는 외적인 것이 아니라 내적이며 영적이다. 그리스도의 참 평화가 바로 내면에 있어 힐링을 이룬다.

스토아학파는 사람에게 마음과 영을 흔들고 선동하며 자신을 흥분하여 행동을 자극하는 모든 것 앞에서 무감각하고 냉정한 자가 될 것을 가르치고 있다. 인도 요가의 스승들도 선물로 다가오는 고요와 침잠을 선택하고 여러 자극과 충격에서 고요함을 선택하라고 가르친다.

그런데 고요함과 평화를 공격하는 방해꾼들이 적지 않게 존재한다. 좋지 않는 태도, 부정적인 생각, 자신을 받아들이지 못하는 열등의식, 이웃과 화해하지 못하는 무능력, 물리적 또는 외상으로 인한 고통 등이다. 사람들에게는 자신의 주변과 내면에 좋지 않은 것, 그리고 마음의 고통이 너무도 많다. 그럼에도 불구하고 고통을 넘어 힐링을 이루는 마음의 평화를 누가 주관하시고 누가 인도하실까? 바로 그리스도시다. 그분께서 가르치신다.

아이러니컬하게도 그리스도께서 우리를 인도하시는 방식은 세상적인 평화를 주시는 방법이 아니라, 우리에게 십자가를 통하여 참 평화를 얻게 하시는 방법을 택하신다. 우리 인간적인 눈으로 볼 때 어쩌면 가혹하게 느껴질지도 모르는 방법이다. 그럼에도 불구하고 자신이 몸소 보여 주셨듯이, 십자가를 통한 극복만이 하느님 나라의 참 평화를 얻을 수 있다.

그리하여 "나는 너희에게 평화를 남기고 간다."라고 하신 그분의 평화는 바로 십자가다. 십자가는 모든 분쟁과 번민 그리고 고통과 분열 가운데 평화의 표징이다. 그 십자가가 바로 하느님을 사랑하는 모든 이가 많은 어려움을 가지고 있음에도 선에 협력하는 가장 확실한 징표이다(요한 14,27-31).

스웨덴의 양팔이 없고 한쪽 다리가 짧게 태어난 레나 마리아. 그녀는 천상의 목소리 소유자로서 장애인올림픽 수영 금메달리스트이기도 하다. 그녀에게 피아노, 바느질, 그림 등 하지 못하는 장애물은 없다. 그녀에게 장애라는 십자가가 없었다면 오늘의 자신은 존재하지 않을 것이라고 고백하며, 지금도 어려움 속에 있는 사람들에게 희망을 전달하고 있다. 그녀의 마음 안에 참 평화가 자라고 있었기 때문에 이 같은 고통을 넘어 힐링의 기적은 가능했던 것이다.

대전가톨릭대학교에도 마음이 큰 황석두 루카 외방전교회 소속 이구원 학생이 공부하고 있는데, 그는 1990년에 팔다리 없이 태어났다. 물론 손발이 없어 봉사자 형제님의 도움을 받으며 생활한다. 공부를 하고 시험을 치를 때는 입을 사용하여 컴퓨터 자판을 두드려서 답을 적곤 하는데 정말 잘한다. 어려서부터 그랬던 그림 솜씨도 꽤 수준급이다. 정말 마음이 천사요 평화가 가득 차 있음을 느낀다.

예수님께서 제자들에게 "나는 이제 양들을 이리 떼 가운데로 보내는 것처럼 너희를 보낸다."(마태 10,16)라고 말씀하셨다. 이리 떼는 적지, 원수가 사는 곳이다. 보호 받지 못하는 위험한 곳이다. 신약에서 예수님은 빌라도 로마 총독 앞에서 마치 이리 떼로 보내지셨듯이 서 계셨다. 빌라도는 예수님을 해방시킬 힘과 죽음에 처할 힘을 가지고 있었다. 그러나 예수님께서는 떳떳한 얼굴로 평화롭고 당당하게 대답하셨다.

"네가 위로부터 받지 않았다면 나에 대해 아무런 권한도 없었을 것이다"(요한 19,11).

신앙의 섭리는 좋은 조건 또는 그렇지 못한 조건 위에 기초되는 것이 아니다. 신앙인은 하느님께서 우리와 함께 하시는 마음속 확신 위에 기초를 두어야 한다.

요한 클리마쿠스 영성가는 "우리가 하느님을 두려워한다면 다른 모든 두려움은 사라질 것이다."라고 말하였다. 그러므로 그리스도께서 우리의 평화, 마음속 참 평화이다.

평화를 키우는 마음 수행

로마제국 시대에는 팍스 로마나(Pax Romana)의 구호를 외치며 제국의 평화를 추구하였다. 로마제국이 추구하는 평화는 제국이 뻗어나가는 데 있어서 모든 외적인 질서를 평화라고 말한다. 이런 점에서 우리도 매일 살면서 평화를 체험한다. 그런데 히브리인들이 말하는 평화 샬롬(shalom)은 그렇게 외적인 질서를 크게 염두 해 둔 뜻을 말하지 않는다. 오히려 다른 사람들과의 좋은 관계를 평화라 말하고 있다.

그리스도인도 선한 뜻을 가지고 있는 모든 사람들 사이에서 하느님과 좋은 관계를 맺도록 부르심을 받았다. 구약성경학자 폰 라드는 평화가 개인의 내적 심리 상태가 아닌 집단 혹은 공동체에 적용되고 사용되는 사회적인 개념이라고 말한다. 평화는 건강함, 온전함, 튼튼함, 완전함 등 우리가 아침저녁으로 사람을 만나고 헤어질 때 나누는 인사말 곧 '안녕하세요? 건강하세요! 식사하셨어요?'와 같은 통전적인 개념이자 상태이다.

따라서 이 평화가 어떤 이들에 의해 쪼개지고 모아지지 않는다 해도 그렇게 놀라지 말아야 한다. 왜냐하면 하느님의 평화는 그들 위를 지나쳐 다른 사람한테 돌아가지만, 영원히 사라지는 것은 아니기 때문이다.

만일 평화를 선물로 받는 사람이 그 선물을 거부한다고 해서, 선물을 준 사람이 더 가난한 자가 되는 것은 아니다. 오히려 그 사랑은 하느님의 사랑에 더 순수하고, 비슷하게 될 것이다(마태 10,7-15).

어느 수녀원에 지원자가 많이 들어왔다. 사람들은 그렇게 많은 지원자가 들어온 이유를 장상에게 물었다. 그 장상은 지원자가 수녀원에서 살아가는 것이 편안하고 마음이 평화롭게 느꼈기 때문이라고 말하였다. 그렇다. 그리스도께서는 우리가 평화의 사도로 있기를 원하고 계신다. 그리스도인은 세상을 위한 평화, 마음속에 자리한 평화의 사도인 것이다(마태 10,16-23).

여행을 할 때도 가능한 모든 어려움을 적게 하고자 편안함과 걱정이 없는 것을 구한다. 기차 시간, 좋은 동반자와의 만남 등 계획된 여행에 차질이 적을수록 편안하고 안락한 여행을 할 수 있다.

오늘날 산부인과에서는 산모의 고통을 덜거나 또는 고통이 없는 출산을 위해서 산모가 원하면 무통 분만을 유도한다. 고통이 없는 출산을 위해서는 여러 가지 훈련이 필요하기 때문이다. 그 가운데 첫째가 인간이 지니고 있는 자연적 치유 능력을 통하여 산모가 두려움

없이 고통에 직면해서 편안하게 출산하도록 돕는 방법이다. 이를 위해 중요한 방법 가운데 하나가 호흡 기술이다. 확실히 숨을 잘 쉬는 것은 육적이든 영적이든 인간이 성숙한 삶을 살아가는데 중요하다. 또한 분만 여정에 있어서 산모가 취하는 심리적 안정도 매우 중요한데 그것을 위해서도 마음의 준비는 호흡과 관련이 있다. 곧 영적 위로와 마음의 평화가 무통 분만을 잘 유도하게 한다.

평화 신학자 폴 니터는 마음 챙김을 통해 평화로울 때 우리는 경험하는 사건, 사람, 감정에 평화롭게 반응할 수 있다고 말한다. 그는 평화롭기는 단지 목표를 위한 수단이 아니라 이미 목표이고, 우리가 평화로워지는 것이 바로 평화로운 세상을 만드는 것이라고 말한다. 그러므로 평화를 원한다면 정의를 위해 일하라는 말도 맞지만 정의를 원한다면 평화를 위해 일하라는 요청이 더 근본적이라고 강조한다.

그리스도교 초기 전통에서도 사막의 수도자 및 영성가들이 호흡으로 기도해 마음의 평화를 유지하였다. 하루 5분 정도의 기도 시간을 낸다면 편안함으로 끌리고 거기 머무르면 마음속에서 평화로움이 자라게 된다.

평화를 이루는 사람들!

세상의 조류에 거슬러 달려가는 삶이 있다. 2001년 뉴욕 세계무역센터 빌딩이 무너져 내렸다. 비행기 테러로 많은 사람이 목숨을 잃었다. 바로 9.11사건이다. 그런데 많은 연기와 함께 무너져 내리는 빌딩 속을 나와서 먼지를 뒤집어쓰고 탈출하는 시민들 사이를 거슬러서

파괴되고 있는 빌딩을 향해 역주행하는 사람들이 있었다.

그들은 경찰관, 소방관들이었다. 그들은 소리친다.
"도망가십시오."
무너지는 빌딩에서 죽어 가던 자들을 향해
"도망치십시오."
목숨을 걸고 외쳤다.
"살기 위해서 달리세요."

나는 신학교에서 미래의 사목자인 신학생들에게 그리스도론을 강의할 때. '누가 오늘날 예수 그리스도인가?'에 대해 평소부터 119구조대원이라고 말했다. 나도 그들처럼 살고 싶다는 생각을 오래전부터 해 왔다. 책임 있는 지도자란 누구일까? 생명을 위해 죽음이 있는 곳을 향해 역주행해 달려가는 자다. 바로 예수 그리스도께서 생명을 위해 시대를 거슬러 희생과 고통과 죽음이 있는 곳으로 달려가셨다. 프란치스코 교황님도 세상 밖 거리로 나가셨다. 배척의 경제를 구체적으로 거부하셨다. 탁상의 신학을 거슬러 달려가셨다. 인간 중심의 환경을 우주 중심의 통합 생태론으로 거슬러 가야 한다고 생태 회칙 「찬미받으소서」는 말한다.

예수 그리스도께서는 하느님의 뜻대로 세상을 위해 당신의 생명을 내려놓으셨다. 우리도 그렇게 하겠다고 사제의 길, 신앙인의 길을 간다. 우리가 사는 현재의 세상은 우주와 사람들의 영혼을 위한 전쟁 중에 있다. 진리가 길가에 버려지는 시대에 살고 있다.

살기 위해서 달려야 한다. 생명을 위해 무너지는 곳을 향해 달려가야 한다. 저는 분쟁 속에서 도망치기보다 그 속으로 들어가서 외치는 사람이 되고 싶다. "살기 위해서 달리세요."라고 외치는 사람이 되고 싶다.

"벗어나세요."

"번영과 부와 성공에 집중하는 반(反)복음으로부터 도망가세요!"라고 외치는 사람이 되고 싶다.

"벗어나세요." "그리스도의 이름을 자신의 이익을 위해 쓰는 자들에게서 벗어나세요!"라고 외치고 싶다.

"당신의 주머니를 예수님의 이름으로 터는 자들로부터 벗어나십시오."

"도망치십시오!"라고 외치는 사람이 되고 싶다.

"자기 계발에만 집중하는 비(非)복음으로부터 도망가시길 바랍니다."

"달리십시오."라고 외치고 싶다.

"부정한 것을 만지지 마십시오."라고 외치는 사람이 되고 싶다.

이것이 오늘날 외치는 행복 선언이다.

제2차 바티칸 공의회는 평화에 대해 정의의 실현으로 말하면서 적극적인 평화 개념을 강조하고 있다. "평화는 전쟁 없는 상태만도 아니요. 적대 세력 간의 균형 유지만도 아니며, 전제적 지배의 결과도 아니다. 정확하게 말해서 평화는 정의의 실현"(이사 32,17)인 것이다. 인간 사회의 창설자이신 하느님께서 인간 사회에 부여하신 질서, 또 항상 보다 완전한 정의를 갈망하는 인간들이 실현해야 할 그 질서의 현실화가 바로 평화인 것이다. 인류의 공동선은 본질적으로 영원한 법칙에 지배되지만, 그것이 구체적으로 요구하는 내용은 시대의 흐름을 따라 끊임없이 변하는 것이므로 평화는 한 번도 영구히 얻어진 것이 아니고 언제나 꾸준히 건설되어야 한다"(사목헌장 78).

적극적인 평화는 평화적 수단에 의한 평화가 이루어져야 한다. 평화라는 말 자체에는 옳은 방법에 의한 옳은 평화여야 한다는 뜻이 들어있다. "정의가 그분 앞을 걸어가고 그분께서는 그 길 위에 걸음을 내디디시리라"(시편 85,14).

평화와 안정은 인간의 노력이 아니라 하느님께서 하시는 일이다. 그래서 하느님께서는 당신의 아들이 있는 곳에 당신의 평화를 베푸신다고 성경은 말한다. 베네딕토 16세 교황은 예수님이 성경이 가리키는 참된 솔로몬이라고 본다. 솔로몬의 이름에는 샬롬(평화)이 들어있듯이 솔로몬은 평화를 가져다주는 인물이고, 참된 솔로몬인 예수님은 세상에 참된 평화를 가져다주셨다.

하느님의 아들이라는 직위는 평화와 직결되고 아들이 다스리는 평화의 나라와 연결된다. 베네딕토 16세 교황은 참 평화가 있기 위해서는 '하느님의 아들됨'이 전제되어야 한다고 말한다. 곧 그리스도의 세례를 받고 그분의 삶에 동참하면서 하느님의 아들이 되는 것이다. 평화를 이룩하라는 말은 아버지의 아들로서 예수가 행한 것을 신앙인들도 행하면서 '하느님의 아들들'이 되라고 초대하는 것이다.

베네딕토 16세 교황에 따르면, 하느님의 아들이 되기 위해 곧 평화를 이루기 위해 우리는 하느님과 화해가 필요하다(2코린 5,20). 우리는 하느님과 화해를 해야만 자기 자신과 화해할 수 있고, 그 사람만이 주변과 세상에 평화를 이룩할 수 있다. 하느님과 화해는 그리스도의 십자가 죽음으로 이루어진다.

"여기에는 그리스인도 유다인도, 할례 받은 이도 할례 받지 않은 이도, 야만인도, 스키타이인도, 종도, 자유인도 없습니다. 그리스도만이 모든 것이며 모든 것 안에 계십니다"(콜로 3,11). 분열과 원망을 멈추고 오직 그리스도와 함께하면 마음의 평화와 행복의 싹이 튼다. 고통 속에 숨어 있는 행복을 찾는다면 끊어진 바이올린 줄에서 G선상의 아리아가 태어났듯이, 고통의 시간, 역경의 때는 지나간다 다 지나간다.

의로움은 의롭게 살아가는 것이고, 다른 이의 이웃이 되어 주는 것은 자비이며, 예수님을 따라 살 때 지니게 되는 것은 깨끗한 마음이고, 하느님과 화해를 이룬 다음 평화가 이루어진다. 이 모든 것이 궁극적으로는 의롭게 사는 것을 말하고 있고 그 토양에는 사랑이 존재하고 있다. 사랑은 의로움이고 평화이다.

"이제 내가 사는 것이 아니라 그리스도께서 내 안에 살고 계신다."(갈라 5,20)는 성 바오로의 고백이 그리스도를 닮는 자세이자 상태라면, 그리스도인에게는 평화를 실천하기가 그리스도 살아가기가 될 것이다.

프란치스코 교황은 2014년 8월 14일 한국 방문 첫날 연설에서 평화를 말하였다. 청와대 공직자들과의 만남에서 교황은 "평화는 단순히 전쟁이 없는 것이 아니라 정의의 결과입니다. 그리고 정의는 하나의 덕목으로서 자제와 관용의 수양을 요구합니다. 정의는 우리가 과거의 불의는 잊지 않되 용서와 관용과 협력을 통하여 그 불의를 극복하라고 요청합니다. 정의는 상호 존중과 이해와 화해의 토대를 건설하는 가운데 서로에게 유익한 목표를 세우고 이루어 가겠다는 의지를 요구합니다."라고 말씀하였다.

교황은 8월 18일 방한 마지막 날 명동성당에서 민족의 화해와 평화를 위한 미사를 집전하기 전 여러 종단들의 지도자를 만났다. 이와 같은 평화를 위한 협력은 그 자체로 훌륭한 종교 간의 대화이다. 종교 간의 평화 운동을 선도하는 한스 큉의 간결한 선언문, 종교 대화 없이 종교 평화 없고, 종교 평화 없이 세계 평화 없다는 말은 그런 점에서 매우 정당하고 당연한 것이다.

내밀함의 상실 시대

인터넷과 SNS 덕분에 사람들 사이에 수많은 교제가 이루어지고 있지만 참된 인간관계는 어렵다는 사실을 알 수 있다. 오히려 사람들의 부정적인 민낯을 그대로 여과 없이 드러내며 사건과 사고로 생긴 문제를 성숙하지 않게 그 대상자의 개인 사생활을 그대로 파헤친다.

특히 미디어가 문제가 발생한 지명도 있는 자들과 유명 연예인들인 경우 그들의 내밀한 사정을 소위 마녀사냥 하듯 노골적으로 까발린다. 이와 같은 일들이 관계를 성숙하게 맺는 환경을 만들지 못하게 한다.

개인과 사회 공동체의 성숙한 상호 관계가 형성되는데 있어서 개인이든 집단이든 그들의 비밀과 내밀함이 보호될 시간과 여유가 없다. 이렇게 된 사회에서 사람들 깊은 곳에는 사랑이 아니라 자기 고집의 갈망이 도사리고 있다. 갈망은 관계를 성숙하게 인도하지 못하는 사람들 사이에서 갈등의 올가미가 된다. 객관적이든 주관적이든 관계에서 오는 갈등을 만들며, 관계의 충돌은 인간의 영혼에까지 영향을 끼친다. OECD 국가 가운데 갈등 지수가 세계 5위를 차지하는 한국 사회가 이러한 면을 단적으로 보이고 있다.

사랑과 성령의 시대

신앙생활을 하면서 우리는 사랑, 성령을 듣고 말하는 데 매우 익숙하다. 하지만 '사랑이란? 무엇이고 성령이란? 누구냐' 하는 물음을 받는다면 대답을 잘 못한다. 사랑과 성령에 대해 낯익고 많이 만나 보았는데, 그것이 무엇이고 누구냐고 묻는다면 고개를 갸우뚱한다.

사실 '가톨릭교회에 사랑과 성령이 과연 존재하기는 했었나?'라고 묻지 않을 수 없다. 특별히 '한국교회에 사랑과 성령이 움직이는 교회인가?'라고 되묻고 싶다. 사랑과 성령을 가장 많이 듣고 믿고 고백하고는 있지만 참으로 그것들이 무엇이고 어떻게 움직이는지는 잘 모른다.

사랑과 성령을 만나고 그것으로 교회가 회복해야 한다. 그리스도교 신앙의 중심 주제는 사랑이고 성령이다. 신앙과 사목과 영성 그리고 공동체 등 중요 주제의 뿌리가 바로 사랑이고 성령이다. 곧 우리는 사랑이 움직이고 성령에 이끌리는 신앙인과 교회가 되어야 한다. 하느님은 사랑이시기 때문이다.

모든 신앙의 행위와 믿음 그리고 희망은 사랑으로부터 영에 이끌려야 한다. 그래서 『사랑을 인터뷰하다』 속에는 사랑과 성령이 움직이고 이끄는 예수 그리스도의 사랑과 행복의 핵심이 들어 있다. 구약의 사랑 십계명, 신약의 사랑 사랑의 새 계명과 행복 선언 곧 하느님과 예수 그리스도의 사랑이 성령과 함께 움직인다.

눈에 보이는 것을 추구하는 시대에 눈에 보이지 않는 하느님의 사랑을 말하고 행동하는 교황 프란치스코는 움직이는 복음서이다. 교황의 말씀과 행보를 통해 우리는 알 수 있다. 하느님은 결코 다가갈 수 없는 분이 아니다. 오히려 하느님께서 먼저 다가와 우리를 사랑하였다. 하느님은 여러 방식으로 당신의 사랑을 드러내신다. 하느님은 당신 백성 이스라엘을 선택하시고 이집트 해방을 이끄는데서 먼저 다가왔고, 백성이 지키는 십계명을 직접 판에 박아 주셨다.

사랑은 그 기원이 성경 속 하느님의 십계명이다. 교황 프란치스코는 『신앙의 빛』(46항)에서 말씀한다. 십계명은 하느님의 자비를 입고 그 자비를 전해 주는 사람이 되기 위해 이기적으로 자기 폐쇄적인 '나'의 사막에서 벗어나 하느님과의 대화 안으로 들어가는데 필요한 지침이다. 십계명은 우리를 변모시키는 하느님의 사랑을 체험할 수 있도록 신앙 안에서 자신을 열어 놓을 때 가능한 사랑의 응답이자 감사의 길이다.

교황 베네딕토 16세는 『하느님은 사랑이십니다』(11항)에서 하느님께서 인간을 사랑하는 방식이 인간이 맺는 사랑의 척도가 된다고 말씀한다. 하느님의 사랑은 윤리적 선택이나 고결한 생각의 결과가 아니라, 삶에 새로운 시야와 결정적인 방향을 제시하는 한 사건, 한 사람 예수 그리스도를 만남으로써 시작된다(1항)고 강조한다. 그는 구약의 계명을 잇는 새로운 토라, 행복 선언(마태 5장)을 예수님이 제시하는 참 세계관, 새로운 인간관, 참된 사랑을 우리에게 '가치들의 전도'로 제시하였다.

참 행복은 사랑의 내적 태도이기에 관계를 변화시키는 길을 향해 활짝 열린 문이라고 할 수 있다. 마태오복음 5장의 여덟 가지 참 행복이 관계를 치유하고 변화시키는 힘은 정말 놀랍다.

『사랑을 인터뷰하다』는 성경의 핵심이고 신앙의 핵심 언어, '현재의 사랑론'을 담고 있다. 참된 사랑만이 지금 우리를 치유하고 거듭나게 한다. 『사랑을 인터뷰하다』는 구약의 십계명에서 기원이 되고 그것을 이어 신약의 예수 그리스도께서 선포한 행복 선언과 예수님께서 남기신 사랑의 새 계명 그리고 사랑의 성체성사에서 그 정체성이 온전히 드러난다. 이제 참사랑을 하는 시간을 가져 본다.